Rupert Lay

# Zwischen Wirtschaft und Christentum

Rupert Lay

# Zwischen WIRTSCHAFT und CHRISTENTUM

Wirtschaftsverlag
Langen-Müller/Herbig

Interview mit Adelbert Reif mit freundlicher Genehmigung des Börsenblattes für den Deutschen Buchhandel, Frankfurt und Herrn Adelbert Reif
Schutzumschlag: Sibylle Schaeuble, München
Satz und Druck: Jos. C. Huber KG, Dießen
Binden: Thomas Buchbinderei, Augsburg
Printed in Germany
ISBN: 3-7844-7170-6

*Inhalt*

# *Zwischen zwei Welten*

Das Leben in zwei Welten ist unser aller Schicksal. Wir leben in einer privaten und einer öffentlichen (etwa beruflichen) Welt. Wir leben in einer Erwachsenenwelt, in der Reichtum, Einfluß, Expansion, Kämpfen und Siegen, Stark- und Mächtigsein hohe Werte sind. Zugleich aber leben wir in einer Kindwelt, in der Dankbarkeit und Zärtlichkeit, Schwachseindürfen und Freundschaft hohe Werte sind. Wir leben aber auch in einer Welt, in der Sittlichkeit, oder doch das Bemühen um Sittlichkeit wichtig ist. Zugleich aber leben wir in einer Welt technischer Rationalität, in der wir Probleme zu lösen versuchen mit einem Minimum an Aufwand von Geld, Zeit und menschlicher Arbeit, mit einem Minimum an inneren Reibungsverlusten und äußeren Widrigkeiten.

Solange wir diese Spannung ertragen, kann sie fruchtbar werden, denn alles Leben bedeutet Spannung. Nur kann es sein, daß wir die Mühsal des gedoppelten Lebens aufgeben und beginnen, einer der beiden Welten den Vorzug zu geben, sie als unsere eigentliche Heimat wählen. Die andere Welt erscheint uns dann irgendwie fremd. Und Menschen, die sie suchen, die gar in ihr zu leben versuchen, erscheinen uns realitätsabgelöst, lebensuntüchtig.

Die Spannung des Lebens in zwei Welten wird nicht selten schizophren erfahren. Deshalb ist es wünschenswert, wenn wir die Lebensbedeutsamkeit der Spannung bejahen und sie zu einem Institut unseres Lebens machen. Das bedeutet nicht mehr in zwei Welten leben, sondern zwischen zwei Welten.

Jesus von Nazareth lebte zwischen zwei Welten: Der Welt der Religiosität und der Welt der Politik, der Welt der personalen Begegnung und der der Institutionen, der Welt der Erwachsenen und der Welt der Kinder. In diesem Dazwischen wurde er zu einem Vorbild für viele Milliarden Menschen. An diesem Dazwischen scheiterte er aber auch im Tod am Kreuz.

Christen versuchen das Leben im Dazwischen auch für sich fruchtbar zu machen. Oft aber gelingt ihnen das nicht. Sie beginnen wieder ein Leben in zwei Welten – und leiden darunter oder geben ihr Christentum auf. Die Gefahr ist besonders dann gegeben, wenn ein Mensch eingebunden ist in systemische Institutionen. Solche Systeme (mögen es politische oder ökonomische, kirchliche oder gewerkschaftliche sein) fordern von ihren Agenten technische Optimalität an – und das nahezu unabhängig von aller Sittlichkeit. Die »Sittlichkeit« von Systemen und die Sittlichkeit der Handlungen ihrer Agenten ist keine Gewissensfrage, sondern ein Imageproblem. Systeme haben kein Gewissen – und ihre Agenten delegieren ihr Gewissen an die Gewissen-Losigkeit des Systems, dem sie oft so etwas wie eine »innere Moral« zusprechen.

Das Christentum fordert aber den unbedingten Primat der Sittlichkeit vor der technischen Optimalität. Damit verweist es zugleich auf die Gefahr des Agierens in Systemen.

Das mag insoweit inkonsequent sein, als die Kirche, wo sie sich institutionalisierte, auch zum System wurde und allen Regeln der Systemhaftigkeit gehorchen muß. Dazu gehört etwa die Regel, daß es kaum einen höheren Wert gibt als den, das System zu erhalten und seinen Einfluß nach Innen (auf die am System beteiligten Personen) und nach Außen (auf politische, ökonomische, soziale, kulturelle Systeme oder deren Strukturen) auszudehnen. Daß dabei zwingend der Auftrag der Kirche, das von Jesus begründete Gottesreich, dessen Werte die der Kindwelt sind, darzustellen, zu wirken, zu künden... verloren ging, ist unvermeidlich. Sie kann allenfalls Menschen, die diesem Auftrag nachzukommen versuchen (und das tun sie nicht als Agenten der Kirche), Schutz bieten und Heimat sein.

Von hierher wird deutlich, daß alle Theologie, insofern sie stets rückgekoppelt sein muß an das System »Kirche«, in dessen Auftrag sie agiert, immer »politische Theologie« sein muß. Sie muß die Systemhaftigkeit der Kirche reflektieren und ihre Beziehungen zu und Abhängigkeiten von politischen, kulturellen, sozialen und ökonomischen Systemen bedenken. Sie ist politisch wie die ihr zugeordnete Kirche, die in mancherlei Bezügen mit der politischen Umwelt wechselwirkt. Das ist spätestens seit dem 4. Jahrhundert unübersehbar. Gestalten sich die Beziehungen zum Staat positiv, d.h. hilft der Staat der Kirche zu leben und ihre systemischen Funktionen und Hilfsfunktionen (manche Form der »Seelsorge« gehört hierher) wahrzunehmen, ist es ein »gerechter Staat«, dessen Legitimation die Theologie nicht zu bezweifeln, sondern allenfalls zu sichern hat. Ist es ein Staat, der die kirchlichen Aktivitäten begrenzt oder gar verbietet, ist er ungerecht. Und hier hat Theologie die Funktion, die einem solchen Staat zugrunde liegende Ideologie zu bekämpfen und die Legitimation des Staates infrage zu stellen. Theologie hat also stets auch einen politischen (und sei es auch nur einen »kirchenpolitischen«) Auftrag und ist stets politisch erheblich.

Eine besondere Variante der »politischen Theologie« ist die »Theologie der Befreiung«. Sie entwickelte die Theorie von der »systemischen Sünde«. Systeme erzwingen von Menschen, die diesen Systemen mehr oder weniger hilflos ausgeliefert sind, Verhaltensweisen, die christlicher Sittlichkeit widersprechen. Da sie jedoch unter schwerem, wennschon oft unbewußtem Zwang stehen, bedeutet doch ein sich Verweigern gegenüber den systemischen Anforderungen oft den sozialen, mitunter gar den physischen Tod, kommt es nicht zur »personalen Sünde«.

Die Theologie der Befreiung macht ernst mit der Einsicht, daß wir Menschen nicht nur Individuen, sondern in gleicher

Erheblichkeit und Ursprünglichkeit auch Sozialwesen sind. Als Sozialwesen können wir aber nahezu hilflos systemischen Forderungen ausgeliefert sein. Insofern wir als Agenten des Systems funktionieren, ist unsere personale Sittlichkeit suspendiert. Wir bemerken meist nicht einmal, daß wir personal-unsittlich handeln, wenn wir als Systemagenten agieren. Unser personales Gewissen schweigt. Das ist die Situation der »systemischen Sünde«. Sie wird nur dann zur personalen, wenn ein Mensch die Begrenzungen seiner Sittlichkeit durch systemische Zwänge nicht erkennt und akzeptiert oder sich mehr als notwendig in Systeme integriert.

Gemeinhin versuchen manche Agenten der kirchlichen Systeme die Konsequenzen aus der Lehre von der essentiellen Sozialität eines Menschen und die Verwendung systemtheoretischer Begriffe als »marxistisch« oder doch als »sozialistisch« zu diffamieren. Mit Marxismus hat beides nichts zu tun, wenngleich K. Marx als erster der Kapitalismuskritiker nicht den Individualkapitalisten angriff (den er für ein armes Schwein hielt), sondern den »Gesamtkapitalisten« und damit einen Begriff einbrachte, der systemtheoretisch verwendbar war. Auch die Tatsache, daß das »allgemeine Bewußtsein« zumeist von den Ideologien gebildet oder verbildet wird, die in Systemen (meist zu deren Legitimation) ausgebildet werden, ist nicht marxistisch, sondern macht nur ernst mit der Sozialität der menschlichen Person.

Nun ist die »marktwirtschaftliche Ordnung« wesentlich systemisch. Es ist durchaus möglich, daß sie sogar eine Art von Supersystem darstellt – ein System also, daß sich menschlicher Personalität und Rationalität ganz oder doch weitgehend entzieht. Die Existenz solcher überpersonaler (und damit auch überrationaler) Systeme wurde erstmals von Teilhard de Chardin als eine über den Menschen hinausgehende Stufe der Evolution gefordert. Sei doch nicht einzusehen, warum die kosmische Evolution gerade mit der Hervorbringung des

Menschen ihren Abschluß gefunden haben sollte. Vielmehr stehe zu erwarten, daß sie in der Hervorbringung überpersonaler Systeme den Menschen »hintersichlassen« würde.

Nehmen wir nun einmal an, daß die marktwirtschaftliche Ordnung ein solches überpersonales System darstellt (und gute Gründe sprechen dafür, sie so zu sehen), müssen wir uns damit abfinden, daß alle rationalen Eingriffe des Menschen in dieses System systemwidrig, kontraproduktiv und störend sind.

Was aber bedeutet das für die Ethik? Sicher kann man so etwas wie eine überpersonale systemische Ethik annehmen, doch wo bleibt dann die personale, für deren Entfaltung und Realisation wir Menschen als Personen Verantwortung tragen? Ist es legitim, sich auf die systemische Ethik zu berufen und sich so von aller personalen zu dispensieren?

Dieser Weg ist sicher der Weg der Praxis vieler Menschen, die ihn zwar leidend gehen – aber gehen. Ein Hypersystem macht alle seine Elemente zu Zellen in seinem »Organismus« – ob sie nun wollen oder nicht. Die Autonomie einer Zelle ist aber für den Organismus kontraproduktiv. Ethik aber fordert diese Autonomie.

Ich denke, daß wir heute in der Tat nicht mehr mit den überlieferten Ethiken zurechtkommen, die davon ausgehen, daß die menschliche Person die nicht überbietbare Gestalt der Schöpfung und damit sich selbst unüberbietbarer Selbstzweck sei. Dennoch aber haben menschliche Personen sittliche Verantwortung zu tragen – und das in wenigstens doppelter Hinsicht:

(1) Einmal als »Zellen« in einem überpersonalen System. Hier tragen sie Verantwortung für die Außenfunktionen des Systems. Insofern sich das System in allen seinen Funktionen stets einiger oder vieler Menschen bedient – das gilt für Binnen- wie für Außenfunktionen –, können diese Menschen zumindest in den Außenfunktionen die Aktivitäten des Sy-

stems regulieren. Hier liegt der Ort realer Entscheidungsfreiheit.

Insofern das System eingebettet ist in eine Umwelt und diese Umwelt in ihrer hohen Komplexität zwar vom System definiert, nicht aber beherrscht wird, sind die Handlungen, die System mit Umwelt verbinden, nicht den Regeln technischer Optimalität unterworfen. Genauer gesagt: Weil alle Entscheidungen, die die Verbindung von System und Umwelt herstellen, unter wesentlicher, nicht aufhebbarer Unsicherheit ablaufen, stehen dem Entscheidenden freie Parameter zur Verfügung, die die Realisation von Sittlichkeit erlauben.

Ich will das an einem Beispiel erläutern: Der »Arbeitsmarkt« ist sicherlich ein wesentlicher Teil einer marktwirtschaftlichen Ordnung. Es gibt keine Marktwirtschaft ohne einen funktionierenden Arbeitsmarkt, weil der Faktor »Arbeit« eine wesentliche Kostenposition ausmacht, die, wenn sie der marktwirtschaftlichen Systematik entzogen wird, das gesamte Gefüge letztlich zerstören muß. Ein zerstörter Arbeitsmarkt in einer »marktwirtschaftlichen Ordnung« produziert ein so perverses Zwittergebilde (Markt/Plan), wie wir es etwa vom EG-Agrarmarkt her kennen.

Dennoch aber erlaubt die Begegnung von System mit seiner Umwelt die personal-sittlich verantwortete Entscheidung. So steht es etwa zu unserer (sittlichen) Disposition, nach welchen Kriterien Arbeitskraft eingekauft oder freigestellt, wie Arbeitszeit geregelt wird, ob Institute wie Job-Sharing eingeführt werden...

(2) Es steht weitgehend zu unserer Disposition, ob wir die Formen des Miteinander-Umgehens, die in Systemen eher funktional und weniger personal bestimmt sind, in alle Lebensbereiche, auch die nichtsystemisch organisierten, übernehmen. Zwar besteht die Gefahr, die im System als effizient erkannten Muster auch außersystemisch zu verwenden. Doch können wir uns davor schützen. Einmal gilt es einzuse-

hen, daß eine solche Extrapolation kontraproduktiv ist. Wer sich bei Freunden oder in seiner Familie nach den Regeln systemischer Effizienz verhält, wird bald Freundschaft und Familie zugrund richten. In beiden Räumen kann sich Sittlichkeit entfalten – und muß es auch, wenn sich »sittliche Persönlichkeit« überhaupt erst ausbilden will.

Das soll nun keinswegs Sittlichkeit aufs Private beschränken. Wie unter (1) gesagt wurde, ist auch die Verbindung von überpersonalem System mit seiner Umwelt Ort sittlich verantworteten Handelns.

Wir sehen, daß das Christentum mit seiner Botschaft vom Gottesreich einen schweren Stand hat. Das ist ihm um so unverständlicher, als das Gottesreich das Urbild eines überpersonalen Systems ist. Teilhard de Chardin hat an ihm sein Modell der transpersonalen Evolution entwickelt. Dennoch aber steht das kirchlich-institutionalisierte Christentum hier vor einem Dilemma, das es auf Grund dominanter Dogmatik nicht auflösen kann. Auf der einen Seite betrachtet es individualistisch die einzelne Person und deren Sünde und Heil. Auf der anderen Seite ist es systemisch organisiert. Christentum aber hat, sieht man vom Gottesreich ab, keine systemische Funktion. Es kann nur von Personen oder Gruppen glaubhaft vertreten werden, die sich nicht einbinden in Systeme (es sei denn ins System »Gottesreich«, das aber noch nicht existiert, sondern erst unter uns heranreifen soll). Menschen, die sich aber ins System »Kirche« einbinden, können Gottesreich nicht mehr wirksam verkünden, jedenfalls nicht insoweit sie als Agenten des Systems »Kirche« agieren.

Überall entstehen deshalb im Raum des Christlichen kirchlich geduldete – oft gar geförderte – Basisgemeinden, die sich der kirchlichen Organisation entziehen und deren Mitglieder deshalb auch in der Lage sind, Christentum in Hinsicht auf das Gottesreich zu leben, vorzuzeigen, zu wirken.

Mit der Institution Kirche hat auch die Theologie einen

schweren Stand. Zum einen ist sie – gewollt oder ungewollt – ein Instrument des Systems »Kirche«. Versucht sie sich dem zu verweigern, wird sie »exkommuniziert«, aus dem System verstoßen. Zum anderen spricht sie eine Sprache, die nahezu unverständlich ist, weil es der Systemideologie nicht gelang, seinen Einfluß auf den Inhalt und den Wandel des allgemeinen Bewußtseins zu erhalten. Alle Theologien, die systemisch legitimiert sind, betreffen nicht mehr allgemeines Bewußtsein und sind somit ineffizient in der Verkündigung von Gottesreich. Ihre Effizienz besteht darin, kleinen Gruppen von Eingeweihten das Gefühl eines meist elitären Dazugehörens zu vermitteln und sie so zu stabilisierren (»Gemeindetheologie«).

Hier tritt eine andere Disziplin auf den Plan: die Philosophie. Sie begleitet heute den Wandel des allgemeinen Bewußtseins und nimmt gelegentlich Einfluß auf diesen Wandel (vgl. Marxismus, Liberalismus, Pragmatismus). Eine »christliche Philosophie« ist also in der Lage, die wesentlichen Inhalte der Jesusbotschaft (Selbstablösung – Nächstenliebe – Gottesreich) zu reflektieren und sprachlich verständlich darzustellen und so das allgemeine Bewußtsein zu erreichen.

Christliche Philosophie ist nicht, im Gegensatz etwa zu manchen liberalen oder marxistischen Philosophien, systemisch eingebunden oder verpflichtet. Sie kann die christliche Tradition und ihre Werte hinüberreichen in eine neue Zeit, der das Etikett »christlich« allenfalls als museal gilt oder als Feigenblatt dient.

Die im Folgenden vorgestellten Beiträge stehen unter diesem Anspruch. Sie wollen das Dazwischen fruchtbar machen.

# Ethik in der Führung

Unsere Frage: Ist Ethik für uns in der Organisation unseres privaten, als auch öffentlichen Lebens nur eine Verzierung, die wir allenfalls dann tolerieren, wenn sie unser Handeln effizienter macht? Ist Ethik vielleicht nur etwas, das es uns erlaubt, unsere Mitmenschen zu behandeln, »als ob sie Menschen seien«? Oder aber ist Ethik etwas, das uns in unserer sozialen Einstellung nicht nur prägt, sondern uns auch in konkreten Entscheidungssituationen leitet? Diese Frage zu beantworten, ist oft nicht leicht. Wir alle sind der Überzeugung, daß unsere wesentlichen Entscheidungen, vor allem, wenn sie auch andere Menschen angehen, wie etwa Führungsentscheidungen, letztlich ethisch gerechtfertigt sind. Ist das vielleicht eine Entschuldigung, weil wir es nicht ertragen, mit uns zusammen zu leben als einem Menschen, der letztlich doch nur technisch optimale Lösungen anstrebt? Von Problemlösungen ist immer nur eine technisch optimal, während Ethik mindestens zwei mögliche Lösungen voraussetzt (ich muß so oder anders entscheiden können, wenn ich das nicht kann, kann ich nicht ethisch entscheiden). Ist die Überzeugung, ich handle nach ethischen Regeln, also etwas, das nur mein Selbstbild stabilisiert?

Wenn wir davon sprechen, Ethik in konkretem Verhalten zu realisieren, meint das in keiner Weise nur die betriebliche Praxis, meint das nicht nur die große Politik, nicht nur unser Engagement in politischen Parteien oder in berufsständischen Organisationen oder wo auch immer wir tätig sind im Außerprivaten, sondern meint das auch unser privates Leben, unsern Umgang mit dem Partner, mit den Kindern, mit Freunden und Bekannten. Man kann sich nicht als sittliche Persönlichkeit in einem Bereich sein Leben ethisch organisieren und im anderen von Ethik dispensieren. Entweder ist man eine sittliche Persönlichkeit, oder man ist es nicht. Eine sittliche Persönlichkeit wird ihr Handeln *stets* nach den Maßstäben der Ethik zu organisieren versuchen. Es gibt keine Dreiteilung einer sittlich verantwortet lebenden Persönlichkeit in die familiäre, die betriebliche und in die ökonomische oder politische.

### *1. Ethik und Vorurteile*

Wir alle sind eingebunden in eine Fülle divergierender Interessen. Wenn wir in unsere Familien, in unsere Unternehmen, in das große ökonomische Gesamt, in die Politik schauen, begegnen wir einer Fülle divergierender Interessen. Das ist gut und richtig so, ohne Divergenz gäbe es kein psychisches oder soziales, kein politisches oder ökonomisches Leben. Interessen sind handlungsleitend: Wir suchen unserem Interesse gemäß unsere Handlungen zu organisieren. Sie sollen unsere Interessen realisieren, praktisch machen. Das ist normal, das ist menschlich. Nur so funktioniert Gesellschaft. In ihrer Funktion führt Gesellschaft die Divergenz der Vielen zu einer Konvergenz des Gesamt. Im Wechselspiel von Divergenz – Konvergenz geschieht gesellschaftlicher Wandel.

Was hat sich aber verändert, daß es zunehmend schwerer wird, in der großen Politik, der großen Ökonomie oder im Unternehmen, in der Familie sittlich verantwortet zu handeln? Ich möchte annehmen, daß einer der Gründe darin zu suchen ist, daß divergierende Interessen unter dem Konkurrenz-, Leistungs- und Erfolgsdruck oft zu divergierenden Vorurteilen wurden, die Konvergenz, gesellschaftlich vermittelte Übereinstimmung nicht mehr zulassen. Nicht mehr divergierende Interessen scheiden heute den einen Menschen vom anderen, sondern divergierende Vorurteile. Da liegt das Problem, denn zwischen Menschen mit verschiedener, massiv geprägter Vorurteilsstruktur ist de facto Kommunikation nicht mehr möglich. Dieser Wandel vom handlungsleitenden Interesse zum Vorurteil ist einer der schicksalhaften Ereignisse, die nicht nur die Zukunft unserer Gesellschaft bestimmen, sondern auch die Möglichkeit, sittlich verantwortet zu handeln. Wenn mir fremdes Vorurteil begegnet, ist meine sittliche Handlungsfähigkeit weitgehend reduziert. Wenn ich vorurteilsbesetzt agiere, ist meine sittliche Entscheidungsfähigkeit gleich null.

Welchen Vorurteilsmuster begegnen wir heute vor allem? Da ist zunächst einmal jenes, das wir in der Kommunikationstheorie BLIK nennen. Das Wort kommt wohl aus dem Niederländischen. Es bezeichnet Vorurteile, gegen die keine Erfahrung möglich ist. Alle Erfahrungen werden zwingend im Horizont des Vorurteils wahrgenommen und gedeutet. Ist dieser konkrete Mensch mit seiner Vorurteilsprägung nicht eingebettet in ein soziales Feld von Menschen mit ähnlichen Vorurteilen, wird man sagen, er sei wahnkrank. Ein Wahnkranker hat einen blik, der von dem standardisierten blik der Menschen abweicht. Ein Mensch der sich einbildet, er werde verfolgt, hat einen blik. Alles, was er erlebt, wird im Horizont dieses Vorurteils erlebt und interpretiert.

Das Gefährliche am kollektiven blik ist, daß man ihn nicht bemerkt. Es kommt unter dem Eindruck sozialer Gemeinsamkeit zum kollektiven Realitätsverlust. Das gilt für alle Erfahrungsbereiche: die politischen, ökonomischen, die privaten. Es bedarf schon eines trainierten Umgangs mit sich selbst, aus einer inadäquaten emotionalen Erregung, die uns trifft, wenn ein blik in Frage gestellt wird, festzustellen, daß es sich um einen blik handelt.

Sie alle kennen solche bliks. Ich vermute, ohne das hier als Dogma zu verkünden, daß etwa in den großen weltpolitischen Auseinandersetzungen um Rüstungskontrolle und Nachrüstung eine ganze Menge bliks im Spiel sind. Ich vermute, daß nicht selten auch – ich denke jetzt an die Situation in der Bundesrepublik Deutschland – in den Arbeitskämpfen eine Fülle von bliks im Spiel sind, die Konflikte schwer lösbar machen und sittliches Entscheiden ausschließen. (Mein blik läßt mich voraussetzen, der andere verfolge bösartige oder naive oder ideologische Interessen und sei damit kein möglicher Kommunikationspartner. Er sei fixiert. Er sei aus dem Kommunikationsverbund ausgeschlossen. Das dispensiert mich, ihm gegenüber in sittlicher Verantwortung mein Handeln zu bestimmen.) Ich will die Beispiele von bliks nicht weiterführen.

Es gibt auch andere Formen von Vorurteilen, die wir »STANDARDS« nennen. Das sind Vorurteile, die wir einmal eingerichtet haben, indem wir uns für eine bestimmte politische, ökonomische, religiöse Orientierung, für einen bestimmten Partner oder Beruf entschieden haben. Aus diesen Enscheidungen gehen Vorurteile hervor, notwendig und zwingend, denn sie allein stabilisieren die Entscheidung, indem sie festlegen, das werthaft ist, wer die Entscheidung rechtfertigt, und das unwerthaft, was die Entscheidung infrage stellt. Wir sind in aller Regel nur sehr begrenzt in der Lage, diese Vorurteile aufzugeben. Sie lassen sich im Prinzip in Frage stellen, aber nur von Menschen, die bereit sind, ihre eigenen Standards und Entscheidungen zu Disposition zu stellen.

Ich will hier nicht in die große Politik gehen. Denken wir doch nur einmal an unser Privates, an unser Zuhause. Viele Konflikte scheinen unlösbar zu sein, weil bliks und standards im Spiel sind. Sie hindern uns, sittlich verantwortet Konflikte zu beheben. Der eine »weiß« vom andern, was er meint, was er denkt, warum er so handelt. Wie unendlich können wir uns dabei täuschen. Solche Täuschungen aufzuhellen, ist nicht nur das Ziel der Psychoanalyse oder der Partnertherapie, sondern unser aller Aufgabe, um das sittliche Potential, das in uns schlummert, frei zu setzen und wirksam zu machen. Ein Mensch, der nicht weiß, wo seine bliks und standards liegen, ist in weiten Bereichen nicht sittlich handlungsfähig. Vorurteile führen in aller Regel zum Kommunikationsabbruch und das durchaus gerechtfertigt. Es ist unsinnig, gegen einen fremden blik ankämpfen zu wollen. Der Kampf gegen einen fremden blik wird diesen eher verstärken, weil auch unsere Argumentation im Horizont des bliks interpretiert wird. Ankämpfen können wir nur gegen eigene bliks, und das ist eine wichtige Aufgabe der sittlichen Persönlichkeit.

## 2. *Ethik und Kommunikation*

Oft verwechseln wir zwei elementare Begriffe, die für unser menschliches, sittlich verantwortetes Zusammen von radikaler Bedeutung, aber auch von radikaler Differenz sind. Das sind die Begriffe KOMMUNIKATION und INFORMATION. Wir leben, so sagt man, in einem Zeitalter der Kommunikation. Man meint damit: Wir leben in einem Zeitalter der Information. Was unterscheidet diese beiden? Information an sich genommen ist zunächst etwas Wertneutrales. Daß sie immer durch konkrete Menschen vermittelt, von konkreter menschlicher Wahrnehmung selektiert, modifiziert, ergänzt und verstellt wird, ist hier eine sekundäre Frage. »Information« meint stets etwas Funktionales. Menschen, zwischen denen informative Interaktionen ablaufen, wie Informationsgabe, -nahme und -verarbeitung, gehen miteinander funktional um. »Kommunikation« ist dagegen eine personale Kategorie. Kommunikation schließt Information nicht aus, aber Informationsgabe, -nahme und -verarbeitung sind nur ein Teil der Kommunikation. Weitere Anteile der kommunikativen Interaktion sind Kontaktaufnahme, Kontaktvergewisserung, Kontaktverstärkung, dann Selbstdarstellung, etwas, das wir alle brauchen, um halbwegs sozial und psychisch gesund leben zu können. Ferner auch der große Bereich der versteckten, weil nicht ausdrücklich gemachten Appelle: »Ich möchte, daß Du dieses tust, daß Du jenes unterläßt!« »Ich möchte, daß Du mich schätzest, mich möchte, daß Du mich achtest, ich möchte, daß Du mich ernst nimmst!« Diese personalen Aspekte der Kommunikation kommen im Bereich der Information nicht vor. Was bedeutet das für eine menschliche Verarmung, wenn wir in unseren Familien, in unseren Unternehmen, in der Politik unsere Interaktionen reduzieren auf Informationsgabe, -nahme und -verarbeitung!

Gelegentlich werde ich und mein Team in Unternehmen gerufen, um herauszufinden, warum eine Abteilung unteroptimal arbeitet. Unteroptimale Effizienz signalisiert nicht selten eine Demotivation der Mitarbeiter. Oft stellen wir fest, daß der Vorgesetzte kommunikationsunfähig ist. Er ist im wesentlichen nur in der Lage, Information zu geben, zu nehmen und verarbeiten. Er nimmt nicht ernst oder realisiert nicht, daß die kommunikativen Bedürfnisse seiner Mitarbeiter oft in ganz anderen Bereichen liegen: In der Selbstdarstellung, der Kontaktaufnahme, der Kontaktvergewisserung, der Kontaktverstärkung, der versteckten, nicht die informative Ebene erreichenden Appelle. So tut er etwas, was er nie tun darf: Für das Gegenteil wird er bezahlt. Er demotiviert seine Mitarbeiter durch ständige Frustration. Ganz abgesehen davon, daß die Reduzierung auf rein funktionales Miteinander absolut nichts mit Ethik zu tun hat, sondern allenfalls mit technischer Rationalität, erbringt er eine unteroptimale Führungsleistung. Wir müssen nicht selten empfehlen, den Vorgesetzten auszutauschen.

Ich will damit verdeutlichen, daß Humanität und Effizienz oder Ethik und Effizienz nicht zwei verschiedene Sachen sind. Ethik ist kein Luxus. Sittlichkeit ist notwendige Voraussetzung der gebildeten – ich meine jetzt nicht der intellektuell gebildeten, sondern der human gebildeten – Persönlichkeit. Nur die human gebildete Persönlichkeit hat überdurchschnittliche Führungseigenschaften und nicht etwa ein Mensch, der ausschließlich funktional großartige Leistungen im Sinne technischer Rationalität erbringt. Der kann vielleicht im konkreten Krisenmanagement vorübergehend einen Laden aus dem Dreck ziehen, aber führen kann er nicht! Sittlichkeit ist ein wesentlicher Teil der sozialen Kompetenz eines Menschen.

Die Reduktion des Menschlichen, des Sittlichen, des Ethischen auf das Funktionale, die der Kommunikation auf die Information, führt notwendig früher oder später zum Zerfall eines sozialen Systems, sei es das System Familie oder Unternehmen, seien es unsere großen soziokulturellen oder sozioökonomischen Systeme. Auf die Dauer lassen sich Menschen, die noch einen Rest an psychischer und sozialer Gesundheit besitzen, nicht rein funktional behandeln.

### *3. Die Wiederentdeckung der Ethik*

Sittlichkeit bedeutet die Chance, einer wiederhergestellten Kommunikation, weil Sittlichkeit und Kommunikation personale Kategorien sind im Gegensatz zu den funktionalen: technische Rationalität und Information. Die Bedeutung der Ethik ist vor wenigen Jahren wiederentdeckt worden. Wie kommen Menschen dazu, plötzlich zu bemerken, daß in ihnen Reste einer sittlichen Persönlichkeit schlummern, die in konkrete politische, ökonomische und private Interaktionen eingebracht werden sollen? Sicher ist einer der Gründe – und ich erhebe hier keinen Anspruch auf Vollständigkeit – die Erfahrung eines moral lag. Wir erleben, daß zwischen dem, was wir funktional können, und dem, was wir personal können, eine Kluft klafft, unter der wir zu leiden beginnen. Ich will hier nicht die klischeehafte Frage stellen, ob wir alles dürften, was wir können. Natürlich dürfen wir das nicht. Nein, darum geht es nicht! Die Kluft öffnet sich nicht zwischen dem technischen Können und dem ethischen Dürfen, sondern sie klafft mitten in uns selbst. Darf ich – nicht: dürfen wir oder darf man – darf ich alles, was ich kann? Darf ich meine Autorität realisieren, wenn das »nur« zu einer optimalen Effizienz führt?

Wir erfahren uns eingebunden in eine Fülle fremder Eigengesetzlichkeiten, in funktionale Kontexte, die ablaufen, in denen wir nur wie in einem Räderwerk funktionieren. Funktionieren wir nicht optimal, haben wir oft selbst den Eindruck, austauschbar zu sein. Haben wir ihn nicht, dann haben ihn andere. Bis wir endlich ausgetauscht werden. Von hierher kann sich auf die Dauer kein Mensch menschlich selbst definieren. Es ist radikal unsittlich, sich selbst ausschließlich oder vorwiegend von einer Funktion her zu bestimmen. Wir sind an erster Stelle Personen. Das aber bedeutet, unverwechselbar, nicht austauschbar zu sein. Wenn wir nicht lernen, uns vom Personsein her zu verstehen, werden wir vom funktionalen Anspruch ausgezehrt in unseren psychischen, sozialen, aber auch intellektuellen oder musischen Begabungen. Das halten Menschen nicht lange aus, ohne psychischen Schaden zu nehmen. Auch wir nicht. Ethik erfordert aber eine personale Betrachtung des Menschen und kommt so unseren Bedürfnissen entgegen.

Ein Zweites, das die Frage nach der Ethik wieder modern macht, ist die auch volkswirtschaftlich geforderte Ablösung vom eindimensionalen Erfolgsdenken. Wir wissen, daß Erfolg, auch der betriebliche Erfolg, nicht nur der private und familiäre oder der politische, auf die Dauer ein ganzes Netzwerk von Voraussetzungen oder Bedingungen hat, die miteinander aufs engste verflochten sind: Bedingungen und Voraussetzungen im kulturellen, im sozialen, ökonomischen und politischen Bereich. Wenn wir einen dieser Bereiche ausklammern und uns eindimensional auf den politischen oder ökonomischen Erfolg konzentrieren, das Netzwerk also auf eine eindimensionale Kategorie verkürzen, werden wir bestenfalls vorübergehend Erfolg haben, nicht auf die Dauer. Der Langzeiterfolg ist das, wonach wir, wenigstens der Theorie nach, streben. Aber werden wir diesem Ziel auch in unseren konkreten Einzelentscheidungen, den kurzfristigen Anforderungen an unsere Entscheidungsfähigkeit gerecht? Auch hier wird Ethtik wieder erheblich, denn sie allein sichert, daß wir über eine brauchbare Theorie über die Struktur des Netzwerks verfügen, das soziale, ökonomische, politische und kulturelle Prozesse aneinanderkoppelt.

### *4. Die Grundregel der Ethik*

Von Albert Schweitzer kommt das Wort »Ethik ist ins Grenzenlose erweiterte Verantwortung gegen alles, was lebt.« Ich denke, das führt uns, wenn wir das Wort »Leben« nicht nur biologisch verstehen, zu einem wichtigen ethischen Kriterium. Wir sprechen heute abstrakter als Albert Schweitzer, und nennen es das Prinzip der BIOPHILIE. Damit ist gemeint die Liebe zum Leben – und zwar nicht nur die Liebe zum biologischen, sondern auch zum sozialen und zum intellektuellen, zum emotionalen und zum musischen Leben. Wenn wir uns nach diesem Prinzip orientieren, wenn wir uns fragen: Fördert unsere Entscheidung optimal meines und auch der anderen Leben, was bringt sie an Lebensentfaltung in diesem mehrfachen Sinne von Leben? und uns dann im Sinne des Biophilie-Prinzips entscheiden, werden wir, ethisch gesehen, keine wesentlichen Fehlleistungen begehen. Ich halte dieses Biophilie-Prinzip, das uns auffordert, uns so zu entscheiden, daß unsere Entscheidung Leben fördert und entfaltet, für ein besonders wichtiges ethisches Prinzip, weil es über der weltanschaulichen Diskussion siedelt und für alle Menschen, gleich welcher Weltanschauung, akzeptabel ist. Es ist weder typisch christlich oder marxistisch oder buddhistisch. Das Biophilie-Prinzip, nach dem das gut ist, was Leben weckt, Leben fördert, Leben entwickelt und entfaltet, ist in uns allen angelegt. Wenn wir ehrlich sind, wissen wir alle längst, daß das, was dem Leben nützt, gut ist. Wir haben oft nur nicht die Kraft, daraus die Konsequenzen zu ziehen.

### 5. *Schwierigkeiten, sittlich zu handeln*

Es gibt natürlich eine Fülle von Problemen, die der Realisierung des Biophilie-Postulats entgegenstehen. Sie sind psychischer und sozialer, aber auch politischer, ökonomischer und kultureller Art. Ich will nur einige wenige aufzeigen. Was bringt uns dazu, anzunehmen, das Biophilie-Postulat sei nicht realisierbar, sei von vornherein zum Scheitern verurteilt?

Zum ersten ist es ungewohnt. Wenn Sie versuchen, es zu realisieren, sagt Ihr Chef: »Du spinnst!« und Ihre Mitarbeiter kennen Sie nicht mehr wieder, weil Sie plötzlich mit einer Form des Führens beginnen, die ungewohnt ist.

Zum zweiten ist es die Vereinsamung und die personale Verarmung vieler, die führen. Ich habe mich einmal in einem sehr großen deutschen Unternehmen mit einem Vorstand unterhalten: »Wie kommt es denn, daß Ihr Eure Führungskräfte so überdurchschnittlich bezahlt?« Er antwortete: »Wir bezahlen sie nicht, weil sie Gewaltiges leisten, sondern weil sie in ihrer Position einsam sind. Wir bezahlen sie für ihre Einsamkeit.« Diese Vereinsamung und die emotionale, psychische und soziale Verarmung vieler Menschen, die jahrelang in Führungsposition sind, wird nur selten schnell und wie selbstverständlich aufgehoben durch das familiäre Leben. Sie kennen die Theorie der Familie als Erholungsraum. Sie »funktioniert« bestenfalls bei zehn, zwanzig, vielleicht auch dreißig Prozent derer, die führen müssen. Aber viel häufiger – und das begegnet mir in meiner analytischen Praxis fast alltäglich – entlastet die Familie nicht. Die Bedürfnisse der Partner stimmen nicht miteinander überein. Er sucht, wenn er nach Hause kommt, seinen Frieden, denn seine Konflitkbedürfnisse hat er schon im Beruf befriedigt. Der Partner, der weitgehend zu Hause arbeitet und so seine Konfliktbedürfnisse nicht außerhäuslich darstellen kann, hat das Bedürfnis, seine Konflikte in der Partnerschaft darzustellen. Das kann auf die Dauer nicht gut gehen. Er wird dann sein Heil in der Flucht in den Beruf suchen und immer weiter vereinsamen. Das hat mit Ethik zunächst nichts zu tun. Aber der Betroffene wird emotional und sozial verarmen, veröden. Er wird das Biophilie-Postulat kaum mehr realisieren können, weil zu vieles in ihm gestorben ist. Das zwingt ihn dazu, sein Leben in beiden Bereichen technisch rational zu organisieren, um überleben zu können. Es verhindert damit letzlich Ethik.

Dazu kommen die Bindungsängste vieler, die erfolgreich in Führungspositionen stehen. Es gibt nicht wenige, die Führungspositionen anstreben, weil sie so ein soziales Feld um sich aufbauen können, das erstens weitgehend stabil ist und zweitens für sie beherrschbar bleibt. Es kommt niemand so nahe heran, daß er mich ausnützen oder verwunden, mich mißbrauchen kann. Die Sache bleibt beherrschbar. Wir sprechen in der Psychoanalyse etwas malerisch vom »Dornröschensyndrom«. Menschen, die um sich einen Wall aufbauen und andere Menschen nur bis zu diesem Wall herankommen lassen, können sehr freundlich, sehr nett, sehr hilfsbereit sein, aber der Wall steht und bleibt und keiner kommt durch. Die sozialen Bindungen und Angebote wirken formell, standardisiert. Daß hier Humanität radikal verkürzt wird, daß es nicht zu einer optimalen Entfaltung von emotionalen und sozialen Fähigkeiten kommt, ist offensichtlich. Daß am Ende eine psychische, soziale und emotionale Verarmung steht, wer mag das bezweifeln? Und wieder müssen wir fragen, ob Ethik möglich ist. Ethik regelt nicht nur das Handeln gegenüber anderen Menschen, sondern auch gegen uns selbst. Das Biophilie-Postulat fordert nicht nur, das Leben bei andern zu fördern, sondern zunächst und an erster Stelle auch bei uns selbst. Wie kann ich hinter einem Dornenwall sitzen und hoffen, daß einmal wie im Märchen ein Prinz kommt und mich wach küßt und mein emotionales und soziales Leben wieder befreit? Das Märchen hat recht, das geschieht durchschnittlich alle hundert Jahre. Dann sind wir tot. Wir müssen also selbst etwas tun, um diesen Wall um uns herum aufzubrechen.

Eine weitere Schwierigkeit, das Biophilie-Postulat zu realisieren, ist uns seit den MILGRAM-Versuchen (Ende der fünfziger Jahre in den Vereinigten Staaten) bekannt. Es gibt zwei verschiedene Positonen, in denen Menschen in Subordination, also in Gehorsamsbeziehung, ihr Leben einrichten können. Die eine ist der A-Typ, der Autonomietyp, die andere der H-Typ, der Heteronomietyp. Wir wissen nun ziemlich sicher: Menschen in der H-Situation handeln bestenfalls so lange sittlich, als sittliches Handeln sie nicht sozial isoliert. Sobald mit sittlichem Handeln Isolationsängste verbunden sind, wird Ethik als gefährlicher Ballast über Bord geworfen, und es wird das getan, was die Isolationsängste beseitigen oder doch verringern könnte.

Das hat für das sittlich verantwortete Führen erhebliche Konsequenzen: Wir alle müssen lernen – und ich schließe mich in keiner Weise aus dieser Philippika aus –, im konkreten Führen die Autonomie unseres Mitarbeiters zu entwikkeln. In den Vereinigten Staaten waren etwa sechzig bis siebzig Prozent der Gesamtbevölkerung wesentlich auf den H-Typ geprägt. Wir müssen uns sorgen, daß wieder Menschen aus dem A-Typ in Gehorsamsbeziehungen eintreten können. Nur dann sind sie in der Lage, sittlich zu handeln und nicht nur Sittlichkeit als Unterorganisation ihrer Isolationsängste zu realisieren. Auch hindert die H-Situation an optimaler Lebensentfaltung.

### 6. *Was ist zu tun?*

Ich habe schon eine Vielzahl von Hinweisen gegeben. Ich will hier nur zwei Punkte heranholen:

1. Müssen wir lernen, wieder zu überschaubaren Kommunikationsgemeinschaften zu kommen, in denen Sittlichkeit spielen kann. Personale Einstellungen lassen ich nur in Kommunikationsgemeinschaften einüben und realisieren. Wir müssen personale Einstellungen üben, nicht nur um unser und anderer Menschen Leben zu entfalten, sondern auch weil unser sozioökonomisches System, das aus der Natur der Sache keine Kommunikationsgemeinschaft sein kann, weil eben die Verhaltensweisen und die Interaktionsweisen in den verschiedenen Bereichen des Kulturellen, Sozialen, Ökonomischen, Politischen so komplex geworden sind, daß sie funktional geregelt werden müssen, auf die Dauer nur erträglich ist, wenn es uns gelingt, in Kommunikationsgemeinschaften das Biophilie-Postulat zu realisieren. Systeme sind nicht biophil. Systeme haben als höchstes Ziel nicht die Entfaltung des personalen Lebens, sondern die Selbsterhaltung. Ich will nicht auf Systeme schimpfen, denn wir brauchen sie, um friedvoll neben- und miteinander leben zu können.

2. Müssen wir systematisch unsere social performance verbessern. Wer seine soziale Performanz nicht entfaltet, wer aufgrund seiner Vergangenheit – schuldlos vielleicht, weil

hineingekommenn in eine Welt, in der Information über alles zählt – kommunikationsunfähig oder nur beschränkt kommunikationsfähig ist, sollte unbedingt seine kommunikativen Fähigkeiten verbessern. Was nutzt die beste Kommunikationsgemeinschaft, wenn in ihr Menschen leben, die kommunikationsunfähig sind?

Und das ist mein Appell: Daß wir versuchen, kommunikationsfähiger zu werden, und lernen, aus der Kommunikationsfähigkeit wieder Kommunikationsgemeinschaften aufzubauen, in denen wir auch die Bedürfnisse unseres sittlichen Lebens entfalten können. Sittlichkeit ist ein Teil des personalen Lebens. Biophilie ohne Sittlichkeit ist, angewandt auf den Menschen, ein Torso. Dann können wir Sittlichkeit einbringen, auch in Bereiche, die systemisch strukturiert sind. Sie haben dann eine Chance, zu überleben. Und diese Chance sollten wir ihnen geben. Es lohnt sich.

## Zukunft – Plan oder Schicksal?

Wir Philosophen treten mit dem Anspruch an einzelwissenschaftliche Darstellungen heran, sie verantwortlich bei der Entwicklung des menschlichen Bewußtseins zu begleiten. Alle Themen, über die heute gesprochen wurde, behandelten die Entwicklung und Entfaltung menschlichen Bewußtseins. Sei es, daß sie vor allem Ist-Zustände analysieren, sei es, daß sie die Soll-Werte bestimmen, sei es, daß sie Strategien, wie man vom »Ist« ins »Soll« kommen kann, entwickeln.

Unser Thema heute gilt der Beherrschung der Zukunft – und damit einem Traumziel der Menschen schlechthin. Vermutlich ist die Beherrschung der Zukunft oder die Freiheit von der Willkür der Zukunft, die fundamentalste Freiheit, die wir überhaupt kennen. Alle anderen Freiheiten, die wir im persönlichen, im gesellschaftlichen, politischen oder ökonomischen Bereich entwickeln, scheinen von dieser Freiheit vor Zukunft hergeleitet und auf sie hingeordnet zu sein. Wenn Zukunft uns unfrei macht, wenn wir Zukunft ausschließlich als Schicksal, als individuelles wie als kollektives Schicksal erfahren, ist wahrscheinlich der Begriff »Freiheit« so leer, daß wir ihn auf den des Gefühls von Freiheit reduzieren müssen.

Somit trifft unser heutiges Thema zentral das. was wir Philosophen zu erhalten versuchen: Wir wollen in allem Zwang Freiheit sichern. Wir Menschen haben eine Fülle von Techniken entwickelt, uns diese Freiheit von Zukunft oder vor Zukunft zu bewahren, uns Zukunft nicht als reinen Zwang erleben zu lassen:

Beginnend mit der Magie, die nichts anderes wollte, als die nahe Zukunft in den Griff zu bekommen, über die Unsterblichkeitsreligionen, die vermutlich seit etwa 200 000 Jahren unter den Menschen entwickelt worden sind, über die Lehre vom Fatum, der Ohnmacht vor der Zukunft, über den historischen Determinismus, den wir in gewissen Varianten der marxistischen Lehre wiederfinden, bis hin zu Utopien und Anti-Utopien. Dazu kommen jene Versuche, Zukunft mit ihren Zwängen in eschatologischen Modellen religiöser oder sozialer Art zu ritualisieren.

Alle genannten Weisen, Zukunft in den Griff zu bekommen, haben etwas Unbefriedigendes an sich. Magie oder Fatum, Unsterblichkeitsglaube oder ein Determinismus, der versucht, historische, ökonomische und politische Abläufe unter Gesetze zu bringen, die ähnlich gelten wie Naturgesetze, alle diese Weisen sind deshalb unbefriedigend, weil sie nur von wenigen Menschen getragen, nur von ideologisch definierten Gruppen akzeptiert werden und somit nicht allgemein konsensfähig sind.

Bevor ich Ihnen eine andere Weise, Zukunft in den Griff zu bekommen, aufzuweisen versuche, Ihnen einen Vorschlag zu einer konsensfähigen Orientierung vor Zukunft und zu Strategien, wie man vom »Ist« zum »Soll« kommen kann, mache, will ich zunächst etwas sagen über das »Ist« und das »Soll«. Selbstverständlich wird weder der »Ist«-Bereich vollständig katalogisiert, noch wird das »Soll« voll ausgezeichnet. In einer so kurzen Ansprache ist das völlig unmöglich.

## *Gedanken zum »Ist«*

Zunächst einmal ein paar Gedanken zum »Ist«: Ich nehme viele »Ist«-Zustände, unter denen wir leben, als ambivalent wahr, das heißt, die weitaus meisten sind so und auch anders ausdeutbar. Die weitaus meisten verweisen in diese oder in jene Zukunft. Es kommt darauf an, was wir aus dieser Ambivalenz machen. Sie ist unsere Chance. Sie erlaubt es uns, den Weg in Zukunft zu lenken.

*1. Verhältnis zur Sozialität*

Ein erstes Moment im Bereich des »Ists« betrifft vor allem eine Analyse des menschlichen Seins, nämlich die Art und Weise, wie Menschen miteinander umgehen, wie sie sich aber auch zugleich reflektiert im Bewußtsein. Hier begegnen wir einer veränderten Einstellung zur Sozialität. Die Folgen der Renaissance, die menschliches Personsein im wesentlichen von Individualität her definierte, beginnen zu enden. Zunehmend mehr verstehen sich Menschen in ähnlichem Gewicht von ihrer Gesellschaftlichkeit her, so daß Individualität und Gesellschaftlichkeit als gleich ursprünglich von zunehmend mehr, und vor allen Dingen von zunehmend mehr jungen Menschen in die Selbstdefinition hineingenommen werden.

Dieser Anspruch von Sozialität führt zu verschiedenen Reaktionen. Manche versuchen, ihm auszuweichen und bilden verstärkt schmarotzende Interaktionsmuster mit Gesellschaft aus. Das beginnt beim Schmarotzen an der Familie bis hin zum Schmarotzen am Gemeinwesen, am Staat. Andere wiederum betonen, daß unsere Gemeinwesen, unsere Familien, wie alle Formen gesellschaftlicher Systeme, nur bestehen können, wenn es uns gelingt, symbiotische Einheiten zwischen menschlichen Personen und solchen Systemen herzustellen. Sie sehen darin ein erhebliches Moment in der Veränderung des allgemeinen Bewußtseins.

Die Rettung der eigenen Individualität vor diesem Anspruch der eigenen Sozialität stellt sich aber oft nicht nur als Versuch dar, sie gegen den Anspruch der Sozialität durch Schmarotzertum zu sichern. Es gibt in vielen Bereichen, in vielen politisch verfaßten Gebilden, in vielen Familien eine andere Form, Individualität gegenüber Sozialität zu sichern. Es ist das die Personalisierung von Problemlösungen.

Man kann ein Problem in einem Unternehmen oder in einem Gemeinwesen oder in einer Familie weitgehend unlösbar machen, wenn man einen bestimmten Problemlösungstyp an eine bestimmte Person bindet und damit nur eine unteroptimale Problemlösung zuläßt, weil eine andere Person eine Lösung gegen ihren Lösungsvorschlag nicht zuläßt. Auch das ist ein Versuch, Individualität gegenüber den Ansprüchen der Sozialität durchzusetzen.

Ich kenne nicht wenige Unternehmen, die daran zugrunde gingen oder doch zumindestens in eine existenzielle Krise gestürzt wurden, weil optimale Problemlösungen nicht möglich waren, da unteroptimale Problemlösungen fest an Personen gebunden worden waren. Wenn wir nicht lernen, von der Familie angefangen bis hin zu unserem politischen Gemeinwesen, einen gemeinsamen Gegner zu sehen, nämlich das Problem, das es optimal zu lösen gilt, vor dessen optimalem Lösungsanspruch wir nur alle Gewinner oder Verlierer sein können, werden wir in der übertriebenen Individualisierung, die als Schutzmechanismus gegen den Anspruch der Sozialität entwickelt wird, sozial, ökonomisch, politisch verlieren.

Es gibt aber auch das Gegenteil, Menschen liefern sich total an Sozialität aus. In der Vergangenheit haben wir im Nationalsozialismus oder, getragen von marxistischer Ideologie, die Ausbildungen sozialistischer totalitärer Systeme erlebt, die durchaus auch von Menschen bejaht wurden, deren Sozialität sich im Widerspruch zu der übertriebenen Individualität in der eigenen Brust wie auch im egoistischen Verhalten anderer Menschen ausbildete. Sie fühlten sich in solchen Systemen wohl und stimmten ihnen innerlich zu.

### 2. *Koordination statt Subordination*

Die Entwicklung zu mehr Sozialität ist das Erste im »Ist«, das ich beobachte. Das Zweite ist, daß viele Menschen – und das gilt vor allem auch wieder für junge Menschen – versuchen,

Subordinationsmuster in Koordinationsmuster zu wandeln. Wir Menschen können natürlich autoritär miteinander umgehen, subordinativ; oder wir können auf einer Ebene miteinander umgehen – in Koordination. Diese Bevorzugung der Koordination vor der Subordination hat als eine mögliche Folge den oft beklagten Autoritätsverlust. Zum anderen ist es aber auch durchaus möglich, daß in Koordination systemische Repressionen unterdrückt werden. Von sozialen Systemen gehen erhebliche Mengen an Zwängen aus, die – je komplexer die sozialen Systeme sind – in aller Regel um so dringlicher werden. Das müssen keine äußeren Zwänge sein. Es werden vor allem innere Zwänge sein, genauer: internalisierte Zwänge. Zur Abwehr und zum Erträglichmachen innerer Zwänge wenigstens in den Bereichen, in denen wir es nicht unmittelbar mit Systemen und ihren Agenten zu tun haben, können wir versuchen, in Koordination miteinander auszukommen.

### *3. Funktionales statt personales Denken*

Ein drittes, das ich bemerke, ist ein Vorwiegen funktionalen Denkens vor dem personalen. Wir neigen zunehmend mehr dazu, unter den Ansprüchen technischer Rationalität unsere Probleme technisch optimal zu lösen. Unter dem Anspruch technischer Rationalität ist ein Problem dann optimal gelöst, wenn es bei geringem Aufwand verschwunden ist. Wo bleibt da die Ethik? Wenn wir nicht die systemimmanente Ethik, die es sicher in marktwirtschaftlichen Ordnungen oder in demokratischen gibt, miteinbeziehen und Ethik als personale Größe betrachten, scheinen wir, wenn wir unter dem Anspruch ausschließlich technisch rationaler Zwänge unsere Probleme lösen, genötigt zu sein, uns von personaler Ethik zu dispensieren. Was hat sie denn noch zu suchen? Wo bleibt ihr Anwendungsfeld?

Einem zweiten Gefahrenpunkt der Dominanz des funktionalen Denkens vor dem personalen begegnen wir, wenn wir selbst uns zunehmend mehr – und nicht nur andere Menschen – als ein mehr oder weniger gut funktionierendes Rädchen in einer konkreten Systemmaschinerie sehen: Im Prinzip austauschbar. Das wäre das Ende europäischer Humanität: Wir hätten personale Kategorien vollständig durch funktionale ersetzt.

### *4. Information statt Kommunikation*

Ein Musterbeispiel für den Ersatz personalen Denkens durch funktionales ist die Reduktion von Kommunikation auf Information. Kommunikation, das ist ein vielschichtiges Miteinander-Umgehen von Menschen oder Gruppen oder Gesellschaften. Die verschiedenen Schichten sind etwa: 1. Informationsgabe, -nahme, und -verarbeitung. 2. Kontaktvergewisserung, Kontaktaufnahme, Kontaktverstärkung, 3. Selbstdarstellung – im Geben und im Nehmen – und 4. auch die vielen versteckten Appelle, die wir aneinander richten: »Ich möchte, daß du mir das glaubst« – »Ich möchte, daß du mir das abnimmst« – »Ich möchte, daß du mich gern hast« – »Ich möchte, daß du dieses oder jenes tust oder unterläßt.«

Die Reduktion von Kommunikation auf Information, das heißt von einer ursprünglich personalen Kategorie auf eine rein funktionale, die die personalen Dimensionen der Kommunikation, das sind die drei letztgenannten (Kontaktvergewisserung, Selbstdarstellung und versteckte Appelle) eliminiert, bedeutet eine erhebliche Verkürzung von »Kommunikation« und die Verkürzung der Bedeutung und Funktion der Sprache. Man mag sich fragen: »Nun gut, was schadet das der Sprache, sie läßt sich weitgehend funktional verkürzen.« Aber Verkürzung von Sprache bedeutet auch Verkürzung der Wahrnehmungsfähigkeit.

Wenn man heute von Kommunikationssystemen im Computer-Bereich spricht, habe ich ein ungutes Gefühl. Man sollte, auch wenn Computer miteinander interagieren, nach wie vor von Informationsverarbeitungs-Systemen sprechen. Aber daß wir das nicht tun, daß wir unsere »Kommunikation«, also eine personale Kategorie, auf Maschinen übertragen, zeigt, wie weit wir schon im funktionalen Denken verfangen sind.

Auf der anderen Seite aber gilt es, funktionales Denken nicht zu verteufeln. Denn das Funktionale ermöglicht zugleich auch eine Optimalisierung des rationalen Miteinander-Umgehens.

### *5. Bedürfnis nach innerer Expansion*

Das fünfte, das ich wahrnehme, ist ein wachsendes Bedürfnis nach innerer Expansion. Wir leben in einer Welt, in der die äußere Expansion, und zwar die der Personen, aber auch die von Gruppen und Gesellschaften, im Mittelpunkt des allgemeinen Interesses steht und oft positiv gewertet wird. Viele Menschen fühlen sich nur wohl, wenn sie ihren sozialen, ihren intellektuellen, ihren ökonomischen, ihren politischen, ihren emotionalen Einflußbereich irgendwie ausdehnen können. Das verstehe ich unter »Tendenz zur äußeren Expansion«.

Sie können sich vorstellen, daß sich eine expandierende Persönlichkeit ziemlich verdünnt, bis sie an die möglichen, vom Sozialen her gezogenen Grenzen ihrer eigenen Einflußnahme kommt. Die äußere Expansion ist oft ein menschliches Problem, weil sie zu erheblicher psychischer und sozialer Verarmung führen kann: Es werden nur noch sehr begrenzt psychische und soziale Fähigkeiten entwickelt und beherrscht, nämlich die, welche der Expansion dienen und zur

Aufrechterhaltung des durch Expansion erworbenen Besitzes notwendig sind.

Dagegen nehmen wir zunehmend wahr, daß Menschen in dieser Verdünnung ihrer Persönlichkeit sich selbst nicht mehr wiederfinden. Sie haben Angst, sich selbst zu verlieren. In dieser Sorge um den Selbstverlust ziehen sie sich in einer vielleicht unguten Weise auf sich selbst zurück, suchen ein stilles Glück.

Ich halte eine Expansion nach innen dann für gut, wenn sie eine Expansion nach außen begleitet. Ich halte die Expansion nach innen und die nach außen, wenn sie sich ungefähr abdecken, für das Ideale in der Gestaltung des eigenen psychischen, sozialen, emotionalen Lebens. Ich halte es dagegen für katastrophal, wenn jemand sein soziales Leben ausweitet und sein psychisches dabei verkümmern läßt.

Andererseits birgt die Tendenz zur Expansion nach innen auch eine Gefahr: Die einer Expansion nach innen, die sich nicht nach außen darstellt. Meditation kommt nach einer schlechten Ethymologie, aus dem Lateinischen »in medium ire« und »ex medio ire«, also in die eigene Mitte hineingehen und aus der eigenen Mitte herauskommen. Im Egotrip und in bestimmten Meditationskulten wird dieser zweite Schritt vergessen: das aus der Mitte Herauskommen. Das Handeln aus der Mitte nach einer Expansion nach innen ist sicher ein Bedürfnis vieler und scheint es tendenziell immer mehr zu werden.

### *6. Systemische statt eindimensional-logische Analysen*

Ich bemerke sechstens, daß monokausale oder monologische, das heißt eindimensional-logische Analysen zunehmend mehr durch systemische ersetzt werden. Das halte ich für gut, denn ohne Zweifel fehlt der monologischen Analyse in aller Regel Realitätsnähe; sie gilt nur für sehr vereinfachte Modelle und führt daher zu realitätsabgelösten Konsequenzen. Dagegen sind systemische Analysen insofern problematisch, als wir, wenn wir über tatsächlich funktionierende Systeme handeln, diese theoretisch oft nicht voll beherrschen. Wir beherrschen theoretisch nicht einmal die Abläufe in einem relativ trivialen sozialen System, etwa in einer konkreten Familie, geschweige denn die in komplexeren, schwieriger darstellbaren Systemen. Auch hier müssen wir wieder Modelle konstruieren, die jedoch realitätsdichter sein können als die monologischen. Wenn wir in Systemen denken und überall Systemen begegnen, begegnen wir etwas, das wir emotional und intellektuell nicht voll beherrschen. Das macht nicht wenigen Menschen Angst – ein Nachteil systemischen Denkens.

### *7. Transpersonale oder transrationale Systeme*

Besonders entwickelt sich Angst in der Begegnung mit transpersonalen oder transrationalen Systemen. Tatsache ist, daß die Evolution über den Menschen hinausgeht, und zwar in der Gestalt der sozialen Entwicklung. Entwicklungstheoretisch unterscheiden wir die chemische Evolution, die zur Ausbildung von Desoxyribonukleinsäuren (DNA) und Proteinen führte; die biologische Evolution, die bis hin zur Entstehung des Menschen führte, und endlich die soziale Evolution, die zur Ausbildung von sozialen, letztlich überpersonalen sozialen Systemen führt.

Wir begegnen allenthalben solch entstehenden sozialen Hypersystemen, die überrational, überpersonal sind. Sie sind mit menschlicher Rationalität nicht mehr zu steuern. Es handelt sich also um eine neue evolutive Qualität. Erste Versuche, diese neue Qualität theoretisch zu beherrschen, wurden von Teilhard de Chardin dargestellt. Transpersonale Systeme sind nicht nur potentiell, sondern auch real ambivalent. So ist etwa die marktwirtschaftliche Ordnung ein solches transpersonales und transrationales System, bei dem jeder Eingriff von menschlicher Rationalität in der Regel systemstörend wirkt.

Wir dürfen zudem nicht vergessen, daß das transpersonale System »marktwirtschaftliche Ordnung« in einer für uns nicht theoretisch geklärten und heute noch nicht darstellbaren Weise mit politischen, mit kulturellen und sozialen Systemen verknüpft und verbunden ist. Die Wechselwirkung zwischen diesen einzelnen Systemen, die miteinander ein Hypersystem bilden, ist ungeklärt. Versuche, zwischen diesen vier Partial-Systemen eine theoretisch sinnvolle Verbindung herzustellen, wie dies etwa im Marxismus geschehen ist, sind gescheitert. Der Marxismus hat bis zum heutigen Tage keinen Anwendungsfall gefunden. Der Versuch, die Prognosen, die aus dieser Theorie folgen, zu verifizieren, sind bislang stets fehlgeschlagen. Wir beherrschen also ökonomische Systeme weder emotional oder intellektuell noch technisch. Wir können allenfalls gewisse Hinweise über Systemabläufe erhalten. Beherrschen aber bedeutet, daß wir durch rationale Eingriffe in das überrationale System wissen, welche Folgen diese Eingriffe haben werden.

Ein anderes Hypersystem – nur um zu zeigen, wie ambivalent transpersonale Systeme sind – ist das System, das beschrieben wird mit dem Namen »Rüstungswettlauf«. Auch da scheint etwas Transpersonales entstanden zu sein, das sich rationaler Einflußnahme weitgehend entzieht.

### *8. Orientierungslosigkeit*

Ein achtes und letztes in der »Ist«-Analyse ist eine verbreitete Orientierungslosigkeit: Wir verfügen nicht über individuelle oder zumindest nicht über kollektive Wert- und Zielorientierungen, die es uns erlauben, uns sicher vor Zukunft zu verhalten. Im individuellen Bereich sind Wert- und Zielorientierungen weitgehend nur noch semantisch identisch. Frage ich einen Menschen nach seinen handlungsleitenden Werten, nach seinen Zielen, gibt er mir oft darauf eine Antwort, die auch meine sein könnte. Wenn ich einmal nachforsche, was er genauer mit den Worten meint, vor allem, wenn ich die emotionale Besetzung der von den Worten bezeichnenden Sachverhalte, die emotionale Bedeutung der Worte berücksichtige, stelle ich fest, daß zwischen uns Welten klaffen. Aber auch Orientierungslosigkeit hat eine doppelte Chance für sich: Einmal die Chance, neue Werte und neue Ziele zu setzen, und zum anderen, zum negativen, die Chance des Zerfalls von gesellschaftlichen oder psychischen Systemen, weil personale wie soziale Systeme im wesentlichen ihre Einheit aus Zielen und Werten erhalten.

Soviel zum »Ist«.

## *Gedanken zum »Soll«*

Um ein »Soll« nicht abstrakt-utopisch zu entwerfen, ist es notwendig aufzuzeigen, daß es als Möglichkeit im »Ist« gründet. Welches also sind unsere Chancen, aufgrund der gegebenen Analysen?

Zunächst einmal ist abzuklären, was denn warum sein soll. Was dem einen Menschen erstrebenswert ist, erscheint dem anderen fremd und gefährlich. Ich habe also an dieser Stelle ein Kriterium zu nennen, das es erlaubt, wünschenswerte Entwicklungen von nicht-wünschenswerten abzugrenzen. Ich mache Ihnen den Vorschlag, das Biophilie-Kriterium als Abgrenzungskriterium zu akzeptieren. Das Biophilie-Kriterium sagt, daß alles das wünschenswert (und sittlich verantwortlich) sei, was personales (physisches, psychisches, emotionales, intellektuelles, musisches...) und soziales (politisches, ökonomisches, kulturelles...) Leben erhält und entfaltet. Negativ zu werten wäre alles das, was Leben in allen seinen Erscheinungsformen mindert, schmälert oder gar tötet.

In den folgenden Überlegungen wird die Akzeptation des Biophilie-Kriteriums vorausgesetzt.

### *1. Altrozentrismus*

Ich denke, daß wir in der Lage sind, in einer Form massenhaften Bewußtseinswandels dahin zu kommen, uns selbst in gleicher Ursprünglichkeit als Individuen wie als Sozialwesen verstehen lernen. Daß unser Egoismus als Institut abgelöst oder zumindest ergänzt wird von etwas, für das wir lexikalisch kein Wort haben und das man am besten als »Altrozentriertheit« oder »Altrozentrismus« bezeichnen würde. Das Wort gibt es heute nicht mehr. Es ist mit der Renaissance verlorengegangen.

### *2. Soziale Freiheit*

Ich sehe zum zweiten die Möglichkeit, daß wir unsere personale Freiheit nicht mehr ausschließlich individualisitsch interpretieren, sondern in gleicher Weise dem sozialen Anspruch entsprechend verstehen; daß wir den neuen Begriff der »sozialen Freiheit« bilden, der uns zumeist fehlt. Ich meine damit nicht den Begriff »Freiheit des sozialen Gebildes«, des ökonomischen, politischen oder kulturellen, sondern hoffe, daß Freiheit in uns selbst eine wesentliche soziale Komponente erhält, und die Freiheit in mir nicht nur die Freiheit für mich, sondern zugleich auch die Freiheit für andere ist – und das nicht nur im Kopf, sondern in der Selbstverständlichkeit der Organisation unserer Handlungen.

### *3. Innere und äußere Expansion*

Als drittes sehe ich eine Tendenz, die innere Expansion so zu dehnen, so zu entfalten, daß die äußere Expansion von ihr getragen wird. Das ist meines Erachtens die Voraussetzung für ethisch verantwortetes Handeln. Nur so können funktionales und personalethisches Denken sich widerspruchslos miteinander verbinden. Nur so können wir transformistisch handeln lernen. »Transformistisch« ist ein Prozeß, wenn er zwei Vektoren berücksichtigt, von denen einer in die Richtung der technisch optimalen Lösung, der andere in die der sittlich optimalen Lösung weist. Transformistisch ist eine Handlung, die als Lösungsschritt eine Annäherung an sittliche Vorstellungen von der Struktur und von der Funktion von Familie, von Gruppe, von Unternehmen, von Gesellschaft ermöglicht.

Damit haben wir übrigens ein Wort gefunden, das mir wichtig zu sein scheint auch für den Wandel von Gesellschaft: »Transformation«.

### *4. Sittlichkeit*

Viertens bin ich der Auffassung, daß wir zunehmend sensibilisiert werden bezüglich der Entstehung von transpersonalen und transrationalen Systemen. Sind solche Systeme einmal entstanden und funktionieren sie, sind wir oft ähnlich ohnmächtig wie Goethes Zauberlehrling, der die Besen nicht mehr zum Stillstand bringen kann, der Wasser schleppt ohne jeden Sinn.

Wenn wir sensibilisiert sind für die Entstehung solcher überpersonalen und überrationalen Systeme, könnten wir in der Entstehung des Systems, bevor es ein Eigenleben beginnt, werten und prüfen, ob es verträglich ist mit unseren sittlichen und ethischen Vorstellungen.

Sittlich ist ein System dann, wenn es eher Leben in all den genannten Dimensionen erhält und entfaltet, nicht aber Leben mindert, Leben gar vernichtet. Selbstverständlich ist mit dem Biophilie-Kriterium nicht eine Ethik definiert, denn es kann sehr oft sein, daß ein Lebensinteresse gegen ein anderes steht, etwa das des sozialen, ökonomischen gegen das personal-musische. In der Güterabwägung wird Ethik als entfaltete Theorie erheblich. Um diese Ethik als entfaltete Theorie kann sich auf die Dauer kein Mensch drücken. Eine rational begründbare Güterabwägung ist eine der wesentlichen Voraussetzungen jeden sittlichen Handelns. Dazu muß ich über eine brauchbare Theorie verfügen; ich kann nicht einfach meinem augenblicklichen Gustus folgen.

### *5. Toleranz*

Was im »Soll« erstrebt und aufgrund einer »Ist«-Analyse möglich ist, ist ein Wachstum von Toleranz. Es gibt kaum einen Gedanken, den wir Europäer im Verlauf unserer Geschichte nachhaltiger und wirkungsvoller verdrängt haben, als die Unterscheidung des Sokrates von Wahrheit und Gewißheit. Man kann einer Sache absolut gewiß sein, damit wird sie auch um keinen Deut wahrer. Sokrates meint, daß Menschen, die nicht in der Lage sind, den Unterschied zwischen Gewißheit und Wahrheit zu realisieren, entweder dumm seien oder intolerant. Er sieht darin die Quelle allen sozialen Übels.

Wenn wir nicht wieder lernen, zwischen Wahrheit und Gewißheit existenziell zu unterscheiden und im Prinzip zu erkennen, daß unsere Gewißheiten nicht besser sind als die eines anderen Menschen, daß die Gewißheiten unserer Gruppe, unserer Gesellschaft nicht unbedingt besser sind als die Gewißheiten und Selbstverständlichkeit einer anderen Gruppe, sondern im Prinzip zunächst einmal gleichrangig nebeneinander stehen, und nicht a priori als dumm, einfältig und falsch denunziert werden dürfen, wenn wir das nicht wieder lernen, werden wir uns, gefangen in der Schlinge unserer eigenen Intoleranz gesellschaftlich, aber auch persönlich sittlich selbst erwürgen. Gewißheiten begründen keine Wahrheit, sondern allenfalls Sicherheit, Brauchbarkeit, Nützlichkeit...

## 6. *Verzicht*

Ich denke, daß wir wieder lernen müssen zu verzichten! Verzichten – ein nicht gern gehörtes Wort. Es meint folgendes: Zunehmend mehr Menschen definieren sich von ihrem materiellen, von ihrem geistigen, von ihrem sozialen, von ihrem ökonomischen oder politischen Besitz oder Einfluß her. Die Frage »Wer bin ich« wird vom »Haben« her bestimmt. Ein solcher Mensch ist in seiner Existenz stets und immer gefährdet, denn dieses Haben ist immer gefährdet: Es kann verlorengehen. Ein Mensch, der sich vom Besitz her definiert, ist ein zutiefst ängstlicher Mensch. Die Grundhaltung seiner Existenz, selbst wenn er es nicht wahrnimmt, ist Angst. Angst vor Verlust...

Wenn wir nicht lernen, freiwillig zu verzichten, um uns nicht von dem her zu definieren, was wir haben, werden wir uns nicht von dem her definieren, der wir sind, von dem her, was an physischen, psychischen, sozialen, emotionalen, musischen Begabungen tatsächlich in uns steckt, und von dem her, was wir tatsächlich von diesen Begabungen entfaltet haben. Wir werden stets bedrohte und verängstigte Menschen sein. Immer mehr Menschen scheinen unzufrieden mit der Selbstdefinition vom Haben her. Sie sind auf der Suche nach sich selbst. Die wichtigste Frage ihres Lebens ist nicht mehr »Wie bekomme ich mehr?«, sondern »Wer bin ich eigentlich?«.

### *7. Konfliktfähigkeit*

Wenn wir erstens einmal die elementare Unterscheidung zwischen Gewißheit und Wahrheit vollzogen haben, wenn wir zweitens etwas kommunikationsfähiger geworden sind, indem wir Kommunikation nicht auf Informationsgabe, -nahme und -verarbeitung reduzieren, wächst unsere Konflikt- und Kommunikationsfähigkeit. Die Kommunikationsfähigkeit eines Menschen und seine Konfliktfähigkeit sind aufeinander abbildbar. Jeder Konflikt läßt sich als Kommunikationsstörung darstellen – jedenfalls jeder soziale Konflikt und viele psychische Konflikte. Auch hier ist etwas Neues im Aufbruch, insofern wir simple Harmoniemodelle als nicht mehr zureichend wahrnehmen und Konflikte nicht als Katastrophe empfinden, sondern zunehmend mehr als das sehen lernen, was sie sind, nämlich Aufrufe, sich stärker an Realität anzupassen. Konflikte brechen genau dann auf, wenn ein Mensch, eine Gruppe oder eine Gesellschaft beginnt, sich von der realen Vorgabe zu entfernen. Ähnlich wie Fieber ein Symptom für eine Krankheit ist und eine positive Funktion haben kann, wenn es nicht allzu hoch steigt, hat auch der Konflikt insofern eine positive Funktion, als er hilft, eine Realitätsablösung festzustellen und korrigieren zu können.

### *8. Soziale Kompetenz*

Schließlich nehme ich wahr, daß bei vielen Menschen, und diesmal eher bei älteren Menschen, eine Tendenz besteht, Bildung über Ausbildung zu stellen. Es gibt nicht wenige Firmen – und zwar gerade auch in der EDV-Branche –, die den gebildeten Mitarbeiter suchen. Sie wünschen, daß sich ein Mitarbeiter in möglichst allen seinen Dimensionen entfaltet, und suchen dann für ihn die optimale Position. Dahinter steht auch die Unterscheidung zwischen fachlicher und sozialer Kompetenz. Die soziale Kompetenz wird in Führungspositionen oft wichtiger als die fachliche. Zur fachlichen Kompetenz gehört auch eine sozial-technische Kompetenz. Es gibt Trainingsseminare, in denen die *Technik* der Menschenbehandlung, die *Technik* der Unternehmensführung und die *Technik* des Führens vermittelt werden. Das alles gehört meines Erachtens zum Bereich der fachlichen Kompetenz.

Die soziale Kompetenz ist damit nicht abgedeckt, denn soziale Kompetenz meint den Einsatz der eigenen Humanität an einer konkreten Konfliktstelle, an einer konkreten Kommunikationsstelle etwa in Führungssituationen.

Wenn wir diese Sollwerte sehen, wird es uns deutlich, daß vermutlich die Veränderung des »Ist« in ein wünschenswertes »Soll« ohne Veränderungen, größere soziale Änderungen des Bestehenden, vor allem auch der Herrschaftsstrukturen, unwahrscheinlich ist. Wir müssen also wesentliche Veränderungen vor- oder hinnehmen, um vom »Ist« zum »Soll« zu kommen.

## *Schwierigkeiten auf dem Weg vom »Ist« zum »Soll«*

Sicher ist dieser dritte Teil meiner Ausführungen wesentlich. Aus Zeitgründen kann ich jedoch nur das anführen, was uns Schwierigkeiten macht oder machen kann, vom »Ist« ins »Soll« zu gelangen. Positiv strategische Konzepte seien also nicht angeführt.

Welche Schwierigkeiten stellen sich also dem Weg vom »Ist« zum »Soll« entgegen?

### *1. Die Trägheit*

Zunächst ist da sicher einmal die Trägheit zu nennen; nicht nur die persönliche Trägheit, auch die systemische, die unvermeidlich ist, denn politische und ökonomische Systeme pflegen Normen auszubilden, die stets konkrete ökonomische und politische Entwicklungen sowie konkrete Weisen der Menschen, miteinander umzugehen, fixieren, die der Vergangenheit angehören. Deshalb sind politische und ökonomische, aber auch kirchliche Systeme im Prinzip konservativ. Das ist mit »essentieller Trägheit der Systeme« gemeint. Aber auch psychische Systeme sind träge. Oft finden wir uns lieber mit dem Übel ab, mit dem wir leben, als in ein zukünftiges anderes Übel zu fliehen, das wir nicht kennen. Die Grundhaltung: »Nur keine Experimente« ist weitverbreitet, im psychischen wie im sozialen Bereich. Ich erkenne im Verhalten vieler Menschen das Trägheitsgesetz wieder: »Ein

Körper verbleibt im Zustand der Ruhe oder der gleichförmigen, geradlinigen Bewegung, solange er nicht durch äußere Einflüsse daran gehindert wird.« Das gilt nicht nur für Menschen, sondern oft auch für Gesellschaften.

## *2. Die Grenze unserer Sprache*

Was hindert uns weiter, den Weg vom »Ist« ins »Soll« zu gehen, obwohl er möglich ist? Sicher auch die Grenze unserer Sprache, die Grenzen der sprachlichen Bewältigung von Welt. Von Wittgenstein kommt das Wort »Die Grenzen meiner Sprache bedeuten die Grenzen meiner Welt«. Welten lassen sich definieren durch das Maß und die Art der Sprachbeherrschung, über die ein Mensch verfügt. Sprachdehnung bedeutet Weltdehnung. Ich kann nur das wissen, ich kann nur das erkennen – im Gegensatz zu wahrnehmen, was vermutlich auch unsprachlich sein kann – was ich im Prinzip sprachlich beherrsche. Da sich nun die sprachliche Beherrschung auf einen bestimmten Zustand des Seins hin orientiert, und eine zukünftige soziale Form neue Formen der sprachlichen Beherrschung, neue semantische und emotionale Bedeutungen von Worten einfordert, scheint über die Trägheit auch des Systems Sprache eine Wandlung von A nach B, vom »Ist« zum »Soll«, nicht leicht zu sein und »kritisches Bewußtsein« vorauszusetzen.

## *3. Die Tradition*

Gesellschaftliche, aber auch personale Systeme sind im Wesentlichen durch ihre Geschichte definiert. Wir sind zwar nicht nur, aber weitgehend bestimmt durch die Erfahrungen unserer Vergangenheit. Diese Bestimmung durch die Vergangenheit führt oft dazu, daß die Anpassungsfähigkeit von personalen oder sozialen Systemen erheblich reduziert wird.

Bei sehr jungen Unternehmen ist oft sehr viel mehr möglich an veränderten Verhaltensmustern als bei etablierten. In Familien, die glauben, eine Tradition bewahren zu müssen, ist eine Realitätsanpassung oft sehr viel weniger leicht als in Familien, die sich nicht einer Geschichte verpflichtet wissen. Dabei ist die Verpflichtung gegenüber der Geschichte nichts Negatives. Sie wird nur dann negativ, wenn sie nicht reflektiert wird und so zur Realitätsdistanz führt.

Wir erfahren in der Psychoanalyse alltäglich, daß ein Mensch, der sich seiner eigenen Geschichte verpflichtet weiß, durch diese Verpflichtung sowohl zur Realitätsnähe wie zur Realitätsentfernung geführt werden kann.

### *4. Vorurteile*

Als weiteres Hindernis sind sicher auch die Vorurteile, die wir alle haben, zu nennen. Ein wichtiges Element der Vorurteilungsbildung ist die Verwechslung von Wahrheit und Gewißheit, also das Nicht-zur-Kenntnis-Nehmen der sokratischen Unterscheidung. Daß viele politische und auch religiöse Systeme daran interessiert sind, die sokratische Unterscheidung nicht ins Bewußtsein der Allgemeinheit dringen zu lassen, wissen wir seit dem Schicksal des Sokrates.

Die Politiker ließen Sokrates verurteilen wegen Verführung der Jugend, denn ein Mensch der zwischen Wahrheit und Gewißheit unterscheidet, ist kaum mehr politisch verführbar. Die Priesterschaft in Athen ließ Sokrates zum Tod verurteilen wegen Gottlosigkeit, denn ein Mensch der zwischen Wahrheit und Gewißheit unterscheidet, läßt sich von keinem Menschen einen bestimmten religiösen Inhalt so lange vorsagen, bis er zweifelsfrei sicher ist.

Die mangelnde Unterscheidung zwischen Wahrheit und Gewißheit ist eine Grundlage für viele Vorurteilsbildungen. Wir kennen Vorurteile – und wir nennen sie in der Kommunikationstheorie »Bliks« –, gegen die keine Erfahrung möglich ist. Jede Erfahrung wird notwendig im Horizont des Vorurteils interpretiert. Wir alle haben solche Bliks, und wir können diese Bliks nur daran erkennen, daß wir, wenn sie angegriffen werden, inadäquat emotional reagieren. Wir kennen andere Formen von Vorurteilen, etwa die Standards, die die Funktion haben, eine getroffene Lebensentscheidung werthaft zu stabilisieren, etwa die Entscheidung für ein bestimmtes ökonomisches System, für eine bestimmte Politik, für einen bestimmten Partner, einen bestimmten Beruf, ein bestimmtes Unternehmen. Diese Entscheidungen werden abgesichert durch eine Fülle von Vorurteilen, meistens wertender Art.

Wenn wir nicht lernen, meine Damen und Herren, mit den Barrieren unserer Trägheit, unserer Sprache, unserer Tradition und unserer Vorurteile umzugehen, werden wir mit Sicherheit unsere Zukunft nicht gestalten. Es wird unsere Zukunft Schicksal sein und nicht Plan. Wenn es uns aber gelingt, uns von diesen Vorgaben freizumachen, denke ich, können wir die positiven Aspekte, die die »Ist«-Analyse ergeben hat, durch unser Handeln in Zukunft übersetzen.

# Genossenschaften und Wertewandel

Hundert Jahre Westdeutsche Genossenschafts-Zentralbank, das ist nicht nur für die Stadt, sondern das ist auch für Westfalen, das ist für das Rheinland ein großer Tag. Auf diesen Tag können Sie alle stolz sein. Aber auch ich bin stolz und dankbar, daß Sie mich eingeladen haben, an diesem Tag Ihnen einige Worte sagen zu dürfen.

Die Philosophie, und Sie haben wahrscheinlich nicht zufällig einen Philosophen eingeladen, hat oft – zumindest seit Sokrates – ein etwas gebrochenes Verhältnis zum Geld. Sie werden sicher entschuldigen, wenn ich heute nicht über Geld rede.

Die Aufgabe der Philosophie ist nicht die Analyse finanzieller Prozesse, nicht die Entwicklung der Theorie eines funktionierenden Geldsystems. Aufgabe der Philosophie ist vielmehr die verantwortliche Begleitung und Entfaltung des menschlichen Bewußtseins auf seinem Gang durch die Geschichte, hinein in Zukunft. »Menschliches Bewußtsein« meint hier »allgemeines Bewußtsein«, meint das Bewußtsein der vielen, das sich in konkreten politischen, ökonomischen, sozialen und kulturellen Handlungen ausdrückt, in Handlungen der einzelnen, bis hin zu den Handlungen des Gesetzgebers.

Zwischen dem allgemeinen Bewußtsein und den ökonomischen und politischen, den kulturellen und sozialen Einstellungen und den aus ihnen resultierenden Handlungen bestehen enge Zusammenhänge. Beide bedingen sich in einer handlungswissenschaftlich noch nicht geklärten Weise. Falsch ist sicher die einfache Formulierung K. Marxens: »Das herrschende Bewußtsein ist das Bewußtsein der Herrschenden.« Richtiger schon seine Vermutung: »Die Theorie wird zur materiellen Gewalt, sobald sie die Massen ergreift.«

Ich will Sie hier nicht mit Marx und seinen katastrophalen Folgen erschrecken. Vielmehr ist es mir wichtig, daß wir zu verstehen versuchen, daß das, was wir in genossenschaftlicher Theorie und Praxis realisieren, keineswegs eine Sache ist, die ausschließlich im Horizont des Genossenschaftlichen selbst relevant wird.

Meine Damen und Herren, Sie und Ihre Einstellungen prägen allgemeine Einstellungen der vielen zu unserem Staat, zu unserer Ökonomie mit. Und in Ihren Händen liegt nicht nur die Verantwortung für Ihre Unternehmen, sondern auch für die Entfaltungsrichtung des allgemeinen Bewußtseins und damit auch für unser Sozialsystem allgemein.

Wir erlebten in den vergangenen 20 Jahren einen für meine Kenntnis historischer Abläufe ungewohnten Zerfall des »alten« allgemeinen Bewußtseins. Es gibt heute weniger, wie ich wahrzunehmen glaube, konsensfähige Überzeugungen im sozialen, im politischen, im ökonomischen, aber auch im kulturellen Bereich, als das zumindest in den ersten Aufbaujahren nach dem Krieg unter uns der Fall war. Symptom dieses Zerfalls ist die Ausbildung zahlreicher »Bewußtseinsinseln«, die untereinander kaum mehr kommunikationsfähig sind. Symptom dieses Zerfalls ist sicher der Wandel einer Reihe »sekundärer Normen«. »Sekundäre Normen« sind Normen, die aus ihrer abstrakten Darstellung, aus ihrer abstrakten Formulierung herausgenommen werden und praktisch unter konkreten sozialen und ökonomischen und politischen Bedingungen in einzelnen Situationen angewandt werden. Sicher, die großen Worte, die abstrakten Normen, sind oft die gleichen geblieben. Große Worte wie Treue, Wahrhaftigkeit, Vertrauensfähigkeit sind uns heute in ähnlicher Weise wichtig, wie sie das vor 100 Jahren oder vor 50 Jahren oder vor 20 Jahren waren. Aber unter den konkreten Einflüssen des sich wandelnden allgemeinen Bewußtseins erhalten diese Werte in Anwendungssituationen andere Bedeutungen, andere emotionale Besetzungen. Und diese Änderungen bewirken, daß wir uns, selbst wenn wir noch zu einem verbalen Konsens fähig sind, einen realen Wertekonsens nicht mehr vorstellen können, oft selbst das Fehlen des Realkonsens nicht bemerken.

Wie zeigt sich dieser Wandel? Etwas vereinfacht gesagt und etwas plakativ: Die großen Werte der Erwachsenenwelt, die wir einmal als erwachsen gewordene Gesellschaft in den ersten Nachkriegsjahren zur Grundlage unserer Entscheidungen gemacht haben, geraten heute aus dem Blickfeld, langsam, sicher, schleichend manchmal. Werte wie Erfolg, Konkurrenz, Sieg, Konsum, politisch-ökonomische Sicherheit, Besitz und Ähnliches scheinen zunehmend, und nicht nur bei der jungen Generation, ersetzt zu werden, durch die Werte der Kindwelt, die da heißen: Zuwendung, Verständnis, Geborgenheit, Toleranz, Zärtlichkeit, Hilfsbereitschaft und Ähnliches. Diese Veränderung des Wertschwerpunktes führt früher oder später mit Sicherheit zu einem veränderten Sozialverhalten.

Sicherlich geschieht dieser Wertewandel erst in Provinzen des Bewußtseins. Aber diese organisieren sich und treffen auf Strukturen und Funktionsmuster, die nicht mehr durch den Wertekonsens eines allgemeinen Bewußtseins getragen werden. »Kindwelten« organisieren sich gegen zerfallende »Erwachsenenwelten«. Das Bedürfnis nach Expansion nach außen schlägt um in ein Bedürfnis nach Expansion nach innen. Es scheint zunehmend interessanter zu werden, die Frage zu beantworten: »Wer bin ich?« als die Frage »Wie erhalte ich Anerkennung und wie habe ich Erfolg?«

Was sind die Gründe und die Folgen dieses Wandels des allgemeinen Bewußtseins? Man kann natürlich behaupten, das, was viele junge Menschen heute denken und was schleichend auch in unser Bewußtsein eingeht, bedeute die Katastrophe, bedeute das Ende, zerstörte das, was wir in den vielen Jahrzehnten nach dem Krieg aufgebaut haben. Das alles kann man sagen. Aber solche Sage bedeutet auch die Kapitulation vor der Zukunft.

Wir erleben unter uns objektive Veränderungen gesellschaftlicher Prozesse. Diese Weise, wie Menschen miteinander umgehen, wertbezogen miteinander umgehen, sinnvoll miteinander umgehen, wandelt sich, und zwar in folgender Richtung: Menschen suchen eher und stärker wieder personale Formen des Miteinanderumgehens. Sie neigen dazu, funktionale als unmenschlich zu denunzieren.

Nicht zufällig spiegeln wir in den letzten 10, 15 Jahren diesen Wandel in die Führungstheorien wider. Personale Interaktionsgebilde, Gebilde, in denen Menschen in personaler Weise miteinander umgehen, nennt man gemeinhin »Kommunikationsgemeinschaften« oder einfacher: »Gemeinschaften«. Soziale Gebilde, in denen Menschen funktional miteinander umgehen, nennt man gemeinhin gesellschaftliche Systeme.

In weiten Bereichen der Politik, der großen Ökonomie, erfordert die Kompliziertheit des Miteinanderumgehens, daß personale Kategorien durch funktionale, systemische ersetzt werden. Anders würden komplexe Sozialgebilde wie Staat, Großunternehmen, Parteien oder Gewerkschaften kaum funktionieren können. Und daher ist es falsch, systemische Organisationen, also Gesellschaft, einfachhin zu verteufeln.

Wir dürfen aber auf der anderen Seite nicht vergessen, daß die systemische Form der Organisation von Menschen immer auch die Möglichkeit radikaler Inhumanität in sich hat. Ich will das an einem Beispiel erläutern: Viele Menschen halten Kommunikation und Information als nahezu miteinander identisch. Dabei ist die Information, d.h. Informationsgabe, -nahme und -verarbeitung, nur die funktionale Seite der Kommunikation. Die personalen Seiten der Kommunikation betreffen den menschlichen Kontakt (Kontaktaufnahme,

Kontaktvergewisserung, Kontaktverstärkung), aber auch die Gabe und Nahme von Selbstdarstellung und die Gabe und Nahme versteckter Appelle. In der konkreten Identifikation von technischer Information mit personaler Kommunikation geht Humanität de facto verloren. Kommunikation entartet immer mehr zur Information.

Viele Menschen in Führungspositionen denken in systemischen Kategorien. Ihre Kommunikationsfähigkeit ist begrenzt auf die Formen der Informationsgabe, -nahme und -verarbeitung. Alles, was an Kommunikation darüber hinausgeht, gilt als disfunktional, als zeitraubend, störend. Emotionen werden zu Störgrößen. Kontaktvergewisserungsversuche von Mitarbeitern fallen, wenn sie überhaupt noch wahrgenommen werden, lästig. Diesem Einstellungsmuster wird sich ein Vorgesetzter kaum entziehen können, der sich selbst systemisch-funktional versteht. Und er wird sich notwendig systemisch-funktional verstehen müssen, wenn er als »Systemagent« tätig wird. Damit kann er die personalen Bedürfnisse seiner Mitarbeiter und seiner Kunden nicht nur nicht befriedigen, sondern er wird sie nicht einmal mehr wahrnehmen. Das erkenntnisleitende Interesse ist ausschließlich auf Information fixiert. Offensichtlich wird ein solcher Vorgesetzter nur sehr begrenzte Führungsfähigkeiten besitzen. Ärger noch: Er wird an seiner eigenen Selbstdefinition langsam aber sicher psychich und sozial zugrunde gehen.

Die Jugend vor allem begehrt dagegen auf. Aber auch wir selbst merken nicht selten, daß wir unter dem Anspruch des rein funktionalen Sicheinstellens langsam und sicher verarmen. In uns entsteht Sehnsucht nach erfüllenden personalen Begegnungen. Wir suchen sie im Privaten, weil wir oder die Umstände uns ein Finden im Beruflichen nicht erlauben. Mit einigem Entsetzen werden nicht wenige von uns entdecken, daß wir aber auch im Privaten oft zur personalen Einstellung unfähig geworden sind. Man kann sich psycho-sozial nicht zweiteilen. Eine berufliche systemische Einstellung schlägt notwendig und unvermeidlich auch auf die privaten Interaktionsmuster zurück.

Wir leben also alle in dem Spannungsfeld zwischen einer systemisch-organisierten Gesellschaft mit funktionalen Wertvorstellungen und einer personal-organisierten Gemeinschaft mit personalen Wertvorstellungen. In diesem Spannungsfeld tragen Sie als Genossenschaftler in einer ganz besonderen Weise Verantwortung für die Zukunft, auch des großen gesellschaftlichen Gemeinwesens. Bei Übergang von einer Kommunikationsgemeinschaft zur systemischen Gesellschaft verändern sich in unserem Bewußtsein eine Fülle von Inhalten. So sind die Elemente einer personal-organisierten Gesellschaft Personen, während die Elemente in einem System nicht Personen, sondern normierte Handlungsmuster sind.

Personale Werte sind etwa Solidarität, Verantwortung, kurzum alles das, was aus einem Wirgefühl hervorgehen kann. Funktionale Werte der systemisch-organisierten Gesellschaft sind hingeordnet auf das primäre Ziel des Systemerhalts, auf das Funktionieren des Systems. Nicht Wirgefühle stehen im Mittelpunkt, sondern ein Ich-und-Die-Da-Gefühl. Wenn wir ehrlich sind, werden wir zugeben, daß in einer ganzen Reihe von Genossenschaften wir nicht mehr auf der Grenze stehen zwischen Wir-Einstellungen und Ich-Ihr-Einstellungen, zwischen personalen und systemischen Orientierungen, sondern den Schritt in die systemische Welt schon längst getan haben.

Im Übergang von Kommunikationsgemeinschaft zur systemischen Gesellschaft verändert sich Solidarität zum Schmarotzertum, verändert sich Selbstverantwortung zur schlechten Delegation: Die Verantwortung für das eigene Wohlergehen wird delegiert an die Gesellschaft, aus Selbstverantwortung wird Versorgungsdenken. Denken wir hier einmal an uns selbst! Wie weit verstehen wir Gesellschaft im Gegenüber, als etwas Fremdes, an dem man durchaus erlaubt schmarotzen kann aus einer Ich-und-Die-Da-Einstellung heraus. Eine gesunde Gesellschaft, die auf die Dauer lebensfähig bleiben will, darf nicht so funktionieren. Sie muß Menschen in die Symbiose mit der Gesellschaft als Folge des symbiotischen Zusammens von Individualität und Gesellschaftlichkeit führen, so daß sie nicht im Ich-und-Die-Da, sondern im Wir denken. Nur so kann Solidarität, nur so kann Selbstverantwortung wieder praktisch werden.

Heute stehen wir vor den Toren eines sich neu bildenden allgemeinen Bewußtseins. Und dieses allgemeine Bewußtsein drängt mit seinem Primat personaler Kategorien zur Bevorzugung von Kommunikationsgemeinschaften. Wir verlieren zuviel in systemischen Gesellschaften, wir geben zuviel von uns her. Wir verkaufen etwas, was wir nicht verkaufen dürfen, zuletzt unsere Würde. Würde ist immer eine personale und nie eine funktionale Kategorie. Unser Grundgesetz ruft unseren Staat nicht zufällig auf, an erster Stelle die Würde des Menschen zu achten und zu schützen.

Die Besinnung auf das sich wandelnde und sich neu artikulierende allgemeine Bewußtsein ist zugleich eine Rückbesinnung auf die Werte, unter denen Sie, meine Damen und Herren, angetreten sind. Sicher sind die Werte, die Raiffeisen oder Schulze-Delitzsch Ihnen gegeben haben und die Sie in Ihren immer auch schwachen Händen zu verwalten suchen, durchaus anzupassen an konkrete soziale, ökonomische und politische Situationen. Es wäre unsinnig und würde dem Geist von Raiffeisen und Schulze-Delitzsch widersprechen, in Nostalgieträumen des 19. Jahrhunderts zu schlummern. Es kommt darauf an, die Werte der Selbstverantwortung verbunden mit Solidarität unter veränderten Rahmen- und Randbedingungen neu zu leben. Selbstverantwortung und Solidarität sind Werte, die durchaus in Spannung miteinander stehen und in Spannung aufeinander hingeordnet sein müssen; denn wo das eine ist, scheint ja auf die erste Vermutung hin nicht das andere sein zu können. Aber diese Spannung bedeutet Leben.

Als Menschen dieser konkreten Gesellschaft müssen wir nach ihren Ansprüchen fragen: Was brauchen die Menschen um uns her, was brauchen aber auch wir an neuen Orientierungen, damit wir wieder sagen können: »Unser Leben, so wie wir es leben, ist nicht das Funktionieren eines Rädchens in einer großen Maschinerie eines gesellschaftlichen Systems, sondern ist ein personales Leben, ist ein Leben, das sich zu leben lohnt.« Die Rückkehr von funktionalen Betrachtungsweisen zu personalen Betrachtungsweisen liegt in der Luft, und da, meine Damen und Herren, liegt Ihre große Chance, die Chance eines erfolgreichen Weges in das zweite Jahrhundert Ihrer Bank.

Aber was bedeutet das für uns alle? Erstens sicher eine veränderte Einstellung der Mitglieder der Genossenschaft zueinander und zu den Zentralbanken. Es muß dahin kommen, daß schmarotzende Einstellungen durch symbiotische abgelöst werden. Es darf nicht dazu kommen, daß Sie gleichsam als Agenten eines Systems mit Ihren Kunden arbeiten, mögen diese Kunden – das ist eigentlich sekundär – Handwerker, Bauern, Beamte, oft jedenfalls Menschen des Mittelstandes sein oder mögen es andere Banken oder Institute sein. Erstens bedeutet es also die Wandlung der Einstellung vom Funktionalen zum Personalen.

Zweitens bedeutet es – ich weiß, daß ich jetzt ein heißes Eisen berühre – den Verzicht auf Gigantismus. Mit gigantischen Formen in der Ausbildung der Genossenschaften ist notwendig verbunden eine Anonymität der Macht. In dem Augenblick, wo Herrschaftsverhältnisse unüberschaubar werden, wandelt sich zwingend notwendig eine Kommunikationsgemeinschaft zu einem gesellschaftlichen System. Ich will Ihnen nicht anraten, ihre großen Organisationen zerfallen zu lassen in viele kleinere. Das wäre abstrakte Utopie. Wege zurück sind oft nicht möglich. Aber ich denke, man sollte versuchen, wenn dieser Prozeß der Konzentrierung auch gelegentlich irreversibel ist, überschaubare Substrukturen aufzubauen, in denen Menschen wieder in personalen Beziehungen miteinander umgehen lernen und nicht in anonym-funktionalen.

Drittens meine ich, es sei notwendig, zu einer bewußten und effizienten Rückbesinnung auf die Grundwerte des Genossenschaftswesens zu kommen. Nicht nur in Festreden und nicht nur im Kopf, sondern in der konkreten täglichen Praxis. Solidarität und Selbstverantwortung wollen alltäglich gelebt und geleistet sein. Damit kommen Sie auch zu einer klaren Selbstdefinition. Sie müsen sich nicht über formale oder gesetzgeberische Unterscheidungen abgrenzen etwa gegen die großen Filialbanken oder die öffentlich-rechtlichen Institute. Grenzen Sie sich ab durch Ihre eigenen, Ihnen typischen Wertvorgaben und realisieren Sie sie in der konkreten Praxis. Was nutzt das Gute, das man denkt, wenn andere Menschen nichts davon merken.

Sollte das gelingen, meine Damen und Herren, können Sie sicher sein, daß Genossenschaften das sein werden, was sie waren, erstens nämlich, hocheffiziente Alternativen zu den Sozialismen verschiedenster ideologischer Herkunft, und zweitens, ein Paradigma einer humanen Form marktwirtschaftlicher Ordnung, bei der das Wort »sozial« zu einem inneren Faktor der Ordnung wird, und nicht zu einer von außen durch die politischen Instanzen der Ordnung aufgeprägten, aufgezwungenen Störgröße. Gelingt den Genossenschaften diese Orientierung, werden sie zweifelsfrei eine große Zukunft haben, denn sie verwalten eine Idee, die uns helfen wird, mit den politischen und ökonomischen Schwierigkeiten, die sicher auf uns zukommen, die ihre ersten Schatten schon auf unsere Jahre vorauswerfen, fertig zu werden. Sie werden auch den politischen und ökonomischen Strukturen, die sie umgeben, einen Weg weisen, der gangbar ist, in eine Welt, in der es gleichzeitig vieles zu erhalten und vieles im Sinne auf mehr Humanität hin zu verändern gilt.

# Erfordert die Kommunikationstechnik einen neuen Menschen?

Wir haben soeben den eindrucksvollen Bericht gehört über die Entwicklung einer Firma, die in Deutschland 25 Jahre maßgeblich nicht nur auf dem Markt der Kommunikationssysteme tätig ist, sondern mittelbar durch ihre Tätigkeit allgemeines Bewußtsein prägt.

Es ist mir deutlich geworden, daß ich hier als Jesuitenpater, als Philosophieprofessor ein Wanderer zwischen zwei Welten bin.

Die eine Welt ist schon 2 000 Jahre alt. Sie ist sicher noch nicht ganz vergangen. Aber ihre Werte gehören zum Teil der Vergangenheit an. Es ist eine Welt, die in ihrer Wertsetzung von kulturellen Eliten bestimmt war. Auf der anderen Seite entsteht eine Welt, die in der Bundesrepublik sicher nicht viel älter als 25 Jahre ist. Sie nimmt Einfluß auf die Entwicklung des allgemeinen Bewußtseins – nicht durch kulturelle – sondern durch technologische Eliten.

Es treffen hier zwei Welten aufeinander. Als Vertreter der alten Welt glaube ich, den Vertretern der neuen Welt ein wenig sagen zu dürfen.

In den ersten Jahrtausenden ihrer Existenz, gestatten Sie, daß ich als Philosophieprofessor einen Griff in die weite Vergangenheit wage, domestizierten sich die Menschen die Natur. Und zwar in zwei sehr unterschiedlichen Richtungen: Einmal domestizierten sie sich die biologische Natur, Tiere und Pflanzen, und begründeten somit eine neue Kultur, die der nomadischen Hirten, dann die der Ackerbauern, die die Kultur der frühen Jäger und Sammler ablöste.

Seit dem 17. Jahrhundert begann die Domestikation der Materie, und in deren Verlauf entstand ebenfalls eine neue Kultur: die industrielle.

Heute gilt es einen dritten Bereich zu domestizieren, der nicht mehr die Vorgaben der belebten und unbelebten Natur betrifft.

Was waren in der Vergangenheit die Ergebnisse unserer Domestikationsversuche? Wir haben die Erde gleichsam in uns hineingeholt. Wir beherrschen sie, erkennen ihre Gesetze, und können ihr so angstfrei begegnen. Das gilt für die längst domestizierte Welt des Lebendigen, aber auch, wenn auch mit Einschränkungen, für die Welt der Materie. Wir beherrschten die Welt, wir durchschauten ihre Gesetze. So haben wir Kulturen gebildet. Mit der Bildung von neuen Kulturen war verbunden eine tiefgreifende Veränderung des allgemeinen Bewußtseins. Der Begriff des allgemeinen Bewußtseins ist für uns Philosophen von zentraler Bedeutung, denn das allgemeine Bewußtsein entläßt aus sich konkrete Rechtsetzung und konkrete Wertsetzung, in deren Rahmen Menschen ihr ökonomisches, ihr soziales, ihr politisches, ihr kulturelles Leben organisieren.

Das allgemeine Bewußtsein ist weitgehend abhängig von dem Grund und der Art dessen, was wir Menschen domestizierend in unsere Welt hineinnehmen. Was wir hineingenommen haben, ist nur noch begrenzt ein Thema von Ängsten. Das aber, was draußen vor der Tür steht, macht uns Angst, weil es dem allgemeinen Bewußtsein (noch) fremd ist.

Naturwelt wurde in weiten Bereichen zur Kulturwelt, zur Welt des Menschen. Diese Kulturwelt, die sich nicht mehr intensiv mit der Naturwelt auseinandersetzen mußte, schuf eine neue Elite: die schon genannte, die von moderner Technik her ihr Bewußtsein bestimmt und neue Werte setzt.

Diese technologische Elite, die heute sicher noch nicht allgemeines Bewußtsein bestimmt, deren Bewußtsein sicher noch nicht zum allgemeinen geworden ist, steht vor uns, ruft uns.

Aber nicht nur das. Die technologische Elite hat sich eine eigene, neue Kulturwelt im Inneren unserer alten Kulturwelt geschaffen.

Früher oder später werden die Inhalte des Bewußtseins der technologischen Elite Zugang finden zum allgemeinen Bewußtsein.

Solange das nicht geschehen ist, wird das allgemeine Bewußtsein sich vor dem Bewußtsein der technologischen Eliten ängstigen. Es entsteht Angst, aus der Uneinsehbarkeit, der intellektuellen, auch emotionalen Unbeherrschtheit der neuen Welt.

Diese Angst vor der Superkulturwelt, die da vor unseren Augen entsteht, ist sicher die Folge der Kluft zwischen dem technischen Können – das von wenigen Menschen verwaltet wird – und dem allgemeinen Bewußtsein, das dieses technische Können weder emotional noch intellektuell einholen kann.

Diese Angst artikuliert sich in sehr verschiedenen Formen. Aus der Psychotherapie wissen wir, daß solche Ängste sich oft wechselnd irgendwo eher zufällig festmachen. Es wäre falsch, die konkreten Ängste, die in unserer Gesellschaft massenhaft auftauchen von ihrem Objekt her zu definieren. Eine diffuse Angst vor dieser neuen, emotional und intellektuell unbeherrschten Welt, sucht sich vielmehr sekundär ihre Themen und Objekte. Solche Themen können sein die Atomenergie, die der anderen Form der Energieproduktion, die Großchemie, Tierversuche, pharmazeutische Erprobung an Menschen, Gentechnologie, Rüstung...

Allen diesen Angstbesetzungen ist gemeinsam, daß sie nicht adäquate Mittel bereitstellen, die Angstquelle zu verstopfen.

Die gewählten Strategien erscheinen oft eigentümlich unangemessen und ineffizient.

Wir müsen damit rechnen, daß sich in absehbarer Zeit diese Angst ein neues Thema sucht. Nicht mehr die »Umweltverschmutzung«, sondern die »Inweltverschmutzung« wird zum Thema möglicher Angst. Wir befürchten, daß unter uns etwas entsteht, das sich unserer Rationalität, unserer Beherrschbarkeit entzieht. Wir stehen ähnlich ohnmächtig vor der technologischen Entwicklung, ihrer Geschwindigkeit, aber auch ihrer Zielrichtung, wie Goethes Zauberlehrling, der zwar weiß, wie man Entwicklungen in Gang setzt, nicht aber, wie man sie beherrscht.

Es kommt also sehr darauf an, daß es uns gelingt, diese Superkultur, die sich im Zentrum der klassischen Kulturen entwickelt, zu domestizieren, sie hineinzunehmen in das Verstehen – in das emotionale und rationale Verarbeiten.

Dazu ist es nicht notwendig, daß wir programmieren lernen. Die weitaus meisten von uns wissen auch nicht, wenn sie ein Auto fahren, wie ein Auto funktioniert. Aber wir haben über den persönlichen Gebrauch die Angst vor der Maschine »Auto« verlernt. Nur im Umgehen mit konkreter Technik, mache ich sie alltäglich zu meiner. So werde ich Angst verlernen. Hier liegt eine positive Funktion der Home-Computers und PCs.

Wie also wird die Domestikation der neuen Technik geschehen? Sicher so, daß viele mit der neuen Technik umgehen. Das hat zur Voraussetzung Massenproduktion und sinkende Preise.

So wird die ökonomische und die technische Basis geschaffen, daß einmal das Bewußtsein der technologischen Elite, das sich in diesen Geräten verdichtet und manifestiert, allgemeines Bewußtsein werden kann und damit angstfrei.

Ein Prozeß übrigens, der in den USA, in Japan, aber auch in dem einen oder anderen europäischen Land, etwa Frankreich, weiter fortgeschritten zu sein scheint als bei uns in der Bundesrepublik Deutschland – in der die Angst vor Technik sich zum Teil in hysterischen Formen der Objektfindung und der Objektbesetzung darstellt.

Was sind nun die Merkmale dieses neuen Bewußtseins, dieses Bewußtseins der technologischen Elite? Ein erstes Merkmal ist ein nicht zu verkennender Optimismus. Dieser Optimismus kommt sicher daher, daß man weiß, an etwas mitzuarbeiten, das es uns ermöglicht, das Angesicht der Erde in einer neuen Weise neu zu schaffen und auf eine andere, effizientere Weise Menschlichkeit zu realisieren und zu praktizieren.

Es ist das der Optimismus der jungen und junggebliebenen Menschen, die wissen, daß sie in der Lage sind und die Kraft haben, Welt zu ändern. Es ist das der Optimismus der Menschen, die, weil sie konkrete Technik beherrschen, weitgehend angstfrei das Heranbranden neuer Technik erleben.

Zweitens hat das veränderte Bewußtsein das Merkmal funktional zu sein. Diese Funktionalität, die sich etwa in asketischer Zweckorientierung darstellen mag, hat Vorteile wie Nachteile. Wir alle können von ihr die Entpersonalisierung von Problemen lernen. Wenn wir in Unternehmen gerufen werden, in denen Abteilungen oder ganze Unternehmensstrukturen nicht funktionieren, bemerken wir nicht selten, daß Probleme oder bestimmte Problemlösungen so personalisiert wurden, daß eine andere Lösung einen Menschen das Gesicht verlieren ließe. Auf diese Weise kommen stets unteroptimale Lösungen zustande.

Das Denken der technologischen Elite, die in unserer Mitte heranwächst, kennt eine solche Personalisierung auf Grund des Willens, funktional Probleme zu sehen und zu interpretieren, nicht.

Das funktionale Denken führt zum zweiten aber auch zu einer Definition des Faktor »Mensch«. In vielen Unternehmen wird im – ich will es in Anführungszeichen setzen – »alten Bewußtsein« gedacht, im allgemeinen Bewußtsein der vielen, das heute noch in Führungskonzepten, in Mitarbeiterbehandlung, in der Form der Führung in Subordination deutlich wird. In diesen Betrieben wird der Faktor Mensch eine völlig andere Funktion, eine andere Bedeutung haben, als in Betrieben, die in Koordination geführt werden.

Der »Faktor Mensch« wird – im Anspruch des Computers – immer mehr koordinierte Verhaltensmuster entwickeln.

Daß das früher oder später auch erhebliche Folgen hat für jedes Führen, nicht nur in anderen Bereichen der Ökonomie, sondern auch in Politik oder Kultur, ist unbestreitbar. Von Ferne sehen wir – als Mann der Kirche darf ich das wohl sagen –, das Wetterleuchten dieses Denkens an den Horizonten von Staat und Kirche.

Am Ende der Entwicklung des neuen Bewußtseins auf dem Weg zum allgemeinen werden andere Staaten und andere religiöse Gemeinschaften stehen.

Es gibt sicher auch Gefahren, die den Weg des neuen Bewußtseins begleiten. Vor allem aus der funktionalen Betrachtung von Menschen kann Gefahr drohen. Wenn etwa Kommunikation auf Informationsgabe, -nahme und -verarbeitung verkürzt wird. Solche Verkürzungen übersehen die personale Dimension der Kommunikation. Kommunikation ist mehr als Information geben, nehmen und verarbeiten. Kommunikation setzt auch voraus, die Möglichkeit, der Gabe und Nahme von Selbstdarstellung, von Kontaktvergewisserung und von Appellen, die man nicht ausdrücklich machen möchte. Das sind personale Aspekte im menschlichen Miteinander, die in einer funktionalen Einstellung unter Umständen unter den Tisch fallen könnten.

Hier können wir von dem Unternehmen, dessen 25jähriges Bestehen in Deutschland wir heute feiern, manches lernen. Ich habe gelegentlich die hier vorherrschende Form von Führungsinteraktion kennengelernt. Es begegnete mir eine elegante und zunächst verblüffende Lösung dieses Problems – wie Führung im Spannungsfeld zunehmender Funktionalität möglich ist, so daß die Personalität des einzelnen nicht gemindert wird. Das setzt sicher, wie schon gesagt, Führung in Koordination voraus. Das allein reicht nicht. Es kommt hinzu, daß Führen und Geführtwerden in einer Art Spiel ablaufen und in der Lockerheit eines Spiels.

Wenn wir spielen, sind wir in einer fast vollkommenen Weise funktional eingebunden in die Zielsetzung des Spiels und bleiben doch in einer sehr unmittelbaren Weise Personen. Diesem Geist des Spielens in Koordination bin ich bei Hewlett-Packard begnet.

Insofern Sie zu Hewlett-Packard gehören, können Sie stolz darauf sein und dieses Modell weiter entwickeln. Für uns andere kann es ein Anruf sein, unsere Selbstverständlichkeiten zu überprüfen vor dem Anspruch dieses neuen Bewußtseins, das von der technologischen Elite her zunächst als Anfrage auf uns zukommt.

Erfordert die Kommunikationstechnik einen anderen Menschen? Nein, sie erfordert ihn nicht, sondern sie bildet ihn. Es ist kein Postulat, sondern eine Selbstverständlichkeit, daß die moderne Kommunikationstechnik an ihrem Ende einen anderen Menschen hervorbringt.

Wenn wir mit der Psychoanalyse versuchen zu bestimmen, was einen Menschen definiert, nämlich die Menge der Interaktionsangebote, die er in bestimmten konkreten psychischen und sozialen Situationen geben und annehmen kann, wird deutlich, daß andere Interaktionsmuster andere Menschen bilden werden.

Es stehen am Ende dieser Entwicklung sicher auch andere Werte. Wir erleben gerade einen tiefgreifenden Wertezerfall: Das alte Bewußtsein produziert Werte, die heute vor allen Dingen vielen jungen Menschen problematisch erscheinen.

Ich sehe weit und breit keine Instanz, die in der Lage wäre, dieses Wertevakuum wertsetzend zu füllen, als die neue technologische Elite.

Es wird sich also nicht nur der Führungsstil wandeln, sondern auch die Wertorientierung. Das bedeutet ein erhebliches Umdenken in Politik, in Wirtschaft, in sozialen Gesellschaften, wie etwa den Gewerkschaften, und in den kulturellen Gesellschaften wie etwa den Kirchen.

Die soziale Kompetenz des Führenden wird oft wichtiger sein, als seine fachliche. Soziale Kompetenz schließt ein Konfliktfähigkeit, Kommunikationsfähigkeit, die Fähigkeit, Werte zu erkennen und mitzuteilen, wenn Sie so wollen also sittliche Kompetenz, und endlich das Herstellen von Wir-Gefühlen.

Wenn wir uns nicht an der Werteordnung der neuen Elite orientieren, werden immer mehr Menschen mit konkreten sozialen Systemen – seien es politische, ökonomische, private, familiäre, soziale oder kulturelle – nicht eine symbiotische Einheit eingehen, sondern eine schmarotzende.

Dann versucht jeder, als Mitglied einer konkreten Gesellschaft, von der Familie angefangen, hin bis zur politischen Gesellschaft des Staates, zu schmarotzen.

Diese schmarotzende Grundhaltung, die die Spannung zwischen Ich und Gesellschaft, zwischen Ego und Societas egoistisch auflöst, ist in dem neuen Bewußtsein, das die technologische Elite entwickelt, undenkbar.

Und so glaube ich und hoffe, daß die Wertsetzung der neuen technologischen Elite viele Krisen, die uns heute in Politik, Ökonomie, aber auch im kulturellen und sozialen Bereich begegnen, wird lösen können. Sie kann uns Werte und Formen des Miteinanderumgehens lehren, die zu einer symbiotischen Einheit von Personen mit Gesellschaften (Betrieben, Familien, Kirchen, Parteien, Staaten...) führen.

Darin liegt ein Auftrag und eine Aufforderung an uns alle, uns den Anforderungen dieser Elite und ihrer Werte auszusetzen und zu öffnen. Ich bin sicher, es kann uns allen nur zum Guten werden.

# Heilen durch das Wort

Es mag ein gewisses Risiko sein, einen Priester und Psychoanalytiker zu einem Festvortrag einzuladen, denn beide Stände haben es an sich, nicht nur zu bestätigen, nicht nur Selbstbewußtsein zu stärken, nicht nur Selbstverständliches zu sagen. Vermutlich erwarten Sie auch von mir nichts Selbstverständliches.

Das, was sich von selbst versteht, das Vorurteil, ist eines der Probleme auch Ihres gewöhnlichen Alltags. Kaum ein Berufsstand wird so angefeindet wie der Ihre. Ich habe mich gefragt, wie es denn kommt, daß Menschen, die wir doch fast alle brauchen, um unsere Schmerzen zu lindern, uns zu heilen, warum diese Menschen von so vielen angefeindet werden. Kaum als der einzelne Zahnarzt, zu dem ich und auch Sie hingehen, sondern als Berufsstand. Sicher dürfen wir nicht zu Recht annehmen, es sei das verdiente Geld. Das ist eine faule Erklärung, die die Angreifer Ihres Berufsstandes parat haben und zwar, wie ich gerne zugebe, sehr publikumswirksam, und die viele von Ihnen akzeptieren. Der Grund der Anfeindungen ist ein anderer: Es ist die Reaktion von Menschen, die sich wehrlos in Ohnmachtssituationen befinden, wenn sie als Patienten zu Ihnen kommen. Die Repräsentation dieser Ohnmachtssituation bringt sie dazu, Aggression zu entwikkeln. Die meisten Menschen sind sehr ungern ohnmächtig, sie wollen mündige, autonome Menschen sein. Beim Zahnarzt aber sind sie ohnmächtig. Auf seinen Berufsstand hin konzentriert und thematisiert sich die aus der Beleidigung der Ohnmacht kommende Aggressivität. Das führt zu fehlgeleiteten Angriffen, die sich leicht und billig und einfach auf das Thema »Geld« hin thematisieren lassen. Es ist also falsch, wenn wir den Vorwurf des vielen Geldes akzeptieren und versuchen, mit tiefgehender Argumentation zu widerlegen.

Wir würden allenfalls ein Symptom kurieren und nicht mal das. Es gilt vielmehr, das Gefühl des Ausgeliefertseins an eine fremde, eine anonyme Macht, die mit mir machen kann, was sie will, ein Gefühl, das viele Menschen auch heute noch beim Zahnarzt mehr als anderswo empfinden, abzubauen oder erträglich zu machen.

Wie aber reagieren wir auf diese Aggression? Nun reagiert fast jeder Mensch auf Aggression mit Gegenaggression. So ist mir durchaus verständlich, daß auch Sie gelegentlich aggressiv auf diese Stellvertreter-Vorwürfe reagieren. Nur ist das keine Reaktion, die auch nur entfernt in der Lage wäre, das Übel zu beheben. Im Gegenteil: die Eigenaggressivität, der sich Fremdaggressivität entgegenstellt, hat eher zur Folge eine psychische und soziale Vereinsamung, den Rückzug in ein Ghetto und vielleicht bei dem einen oder anderen auch das Entstehen eines elitären Gefühls, das aber keine andere Funktion hat, als das Ghetto zu verschönen. Ein Konflikt läßt sich so nicht beheben. Im Gegenteil: Die Argumente beider Seiten manifestieren zunehmenden Realitätsverlust.

Unsere zentrale Frage muß deshalb lauten: Wie kann der Eindruck einer anonymen Macht, der ich hilflos ausgeliefert bin, behoben oder erträglich gemacht werden? Es ist eine fast triviale Bemerkung, daß wir in einer unheilen Welt leben, und ein Aspekt dieser Unheiligkeit mag im Zentrum unserer Überlegung stehen. Viele Menschen erfahren unsere Welt zunehmend als entpersonalisiert. Der Zahnarzt ist für nicht wenige gleichsam der Agent dieser unheilen Welt, in der ich mich selbst nicht als Person wiederfinde. Er steht oft nicht auf der Seite der personalen Erfahrung seiner Patienten, sondern auf der der funktionalen Erfahrung. Er funktioniert als der, der den kariösen Zahn repariert. Wenn wir also etwas Ernsthaftes ändern wollen, müssen wir versuchen, jenseits dieser funktionalen Erfahrung, die sehr vielen Menschen in der medizinischen Technik begegnet, wieder personale Erfahrung erlebbar zu machen. Wir müssen, wenn Sie so wollen, von der Information zur Kommunikation kommen.

Es ist eines der Symptome des Elends unserer Welt, daß die Begriffe »Information« und »Kommunikation« von nicht wenigen fahrlässig miteinander identifiziert werden. Und dabei wissen wir sehr, daß Informationsgabe, -nahme und -verarbeitung, sicher auch in Ihrem Beruf eine sehr wesentliche Bedingung für die Begegnung mit dem Patienten, daß also Informationsgabe, -nahme und -verarbeitung nur ein Aspekt der kommunikativen Interaktion zwischen Arzt und Patient ist. Die anderen, zum Teil die sehr viel wesentlicheren Aspekte, die die Droge Arzt erst wirksam machen, sind erstens Kontaktaufnahme, Kontaktvergewisserung, Kontaktverstärkung, zweitens Selbstdarstellung und drittens eine Fülle von verborgenen Appellen. Appelle der Art: »Ich möchte, daß du mich als Mensch akzeptierst!« »Ich möchte, daß du mich sympathisch findest!« »Ich möchte, daß du das verstehst, was in mir vorgeht, wenn ich leide, ohne daß ich dir das sage!« Wir alle erfahren es alltäglich, daß, wenn die Ebene der Kontaktaufnahme, der Kontaktvergewisserung, gestört ist, Informationen nicht mehr optimal gegeben, genommen und verarbeitet werden. Sie können von keinem Patienten erwarten, daß er Ihnen optimale Informationen über sein Leiden gibt, Sie können nicht erwarten, daß er Ihre Informationen sinnvoll verwertet, wenn zwischen Arzt und Patient eine Kontaktstörung besteht. Die Reduktion der Kontaktvergewisserung auf einen kurzen Händedruck und einen wenige Sekunden dauernden Blickkontakt reicht halt nicht.

Ein Zweites, was wir sicher wieder lernen müssen, um unsere Interaktionen mit den Patienten aus der funktionalen auch in die personale Ebene zu nehmen (die funktionale Ebene ist sicher wichtig, Kommunikation ohne Informationsgabe, -nahme und -verarbeitung wäre sicher eine sehr verkürzte Interaktion), ist die personale Wahrnehmung.

Fehlt sie, manifestiert sich Entpersonalisierung und schafft damit ein aggressives Potential gegen die Menschen, die mir vorwiegend als Agenten eines funktionierenden Gesundheitssystems begegnen. Die ursprüngliche menschliche Wahrnehmung beantwortet die Frage: »Wer ist dieser Mensch, der da zu mir kommt?« Wird sie nicht gestellt, wird die leidende Person auf einen kranken Zahn reduziert. Die Abwehr der ursprünglichen Wahrnehmung und ihr Ersatz durch sachkategoriale Bestimmungen führen dazu, daß das, was die Arzt-Patienten-Bindung herstellt, das Vertrauen, entweder zerstört oder, was noch sehr viel häufiger ist, gar nicht erst aufgebaut wird. An die Stelle der ursprünglichen personalen Wahrnehmung treten nicht selten Klischees: »Ich weiß ja schon, was dir fehlt.« – »Ich weiß ja schon, was du willst.« – »Dein Sprechen stört mich eigentlich, es raubt mir Zeit.« – »Wenn ich in deinen Mund schaue, weiß ich sehr viel genauer als durch alles, was du mir erzählst, was mit dir los ist.«

Das ist ein Vorurteil. Ich weiß es allenfalls funktional, technisch gesehen, genauer. Wenn ich so agiere, werde ich nie dem Menschen begegnen in meinem Patienten.

Im Laufe der Jahrtausende unserer Menschheitsgeschichte ist uns eine wichtige Einsicht verloren gegangen, die über die Einheit von Arzt und Priester. Wir wissen mit einiger Sicherheit, daß das Schamanentum, das in Ost- und Südasien bis zum heutigen Tage gelegentlich auffindbar ist, am Anfang der arbeitsteiligen Gesellschaft stand. Der Schamane erbrachte als Arzt-Priester oder Priester-Arzt als erster eine besondere Dienstleistung. Die Scheidung von Arzt und Priester ist nicht immer zum Guten gewesen. Und wenn wir heute sagen, aufgeklärt wie wir sind, der Schamane hat es mit Magie zu tun, der Schamane ist eine Erfindung einer abstrusen Religiosität, denunzieren wir in unrechter Weise Magie und Religion. Was heißt denn Magie hier anderes als »Heilen durch das Wort«. Heilung durch etwas, das im Sinne eines monokausalen Denkens keinen Ort hat. Wie kann ich heilen durch etwas, das nicht in unmittelbarer Weise ursächlich auf den zu Heilenden oder das in heilende Organ oder den zu heilenden Zahn einwirkt? Die dieser Frage zugrundeliegende eigentümliche Auffassung von Kausalität, die seit dem 17. Jahrhundert in Europa nicht unerheblich ist, hat uns Wesentliches verlieren lassen: die Fähigkeit, den Menschen als Person zu sehen.

Die Renaissance, die antrat, den Menschen zu gewinnen, hat ihn in ihren Folgen nicht selten verloren. Heilen, das wußten die Schamanen, die Arzt-Priester, die Priester-Ärzte, ist menschliches Handeln. Heilen geschieht in der Begegnung von einem Menschen mit einem anderen Menschen. Heilen geschieht durch Tat, aber auch durch Wort und Ausdruck. Heilen geschieht in der personalen Begegnung zwischen Menschen durch alles, was die Menschen miteinander und füreinander einbringen können.

Wir verstehen heute einen Menschen weitgehend über die in Vergangenheit und Gegenwart erlebten und für die Zukunft erhofften Interaktionsangebote, die ihm andere Menschen gemacht haben, und von seinen Fähigkeiten her, auf sie zu reagieren. Sie machen im Laufe der Zeit einen Menschen zu dem, der er ist. Viele erfahren das, oft eindrucksvoll, in ihrer Ehe. Ein Mensch, der Interaktionsangebote erhält, die er akzeptiert, in denen er sich als Person wiederfindet, kann sein Leben, sein psychisches und soziales Leben zum Entfalten bringen. Nicht akzeptable oder bloß funktionale Interaktionsangebote dagegen töten Leben langsam aber sicher.

Ähnliches geschieht im Verhältnis von Arzt und Patienten. Der Patient ist hilflos. Er kann sich selbst nicht mehr helfen. Deshalb kommt er ja zum Arzt in die Sprechstunde. Er erlebt seine Ohnmacht in einer Eindringlichkeit, wie er sie aus seiner Kindheit kennt. Er ist gefordert, sich einem anderen Menschen auszuliefern. Und was macht jetzt dieser andere

Mensch mit diesem so ohnmächtig gewordenen Menschen, dem oft seine Selbstdefinition aus der Funktionalität zusammengebrochen ist? Wir alle definieren uns doch auch von unseren Funktionen her: von unserem Beruf, von unserer Leistung, unserem Erfolg, unserem Besitz. Diese Selbstdefinnition bricht in genau diesem Augenblick zusammen, in dem wir sie besonders benötigen, weil wir leiden, psychisch oder somatisch oder sozial. So ist der Patient in aller Regel ein Mensch, bei dem die klassische Selbstdefinition nicht mehr trägt. Wenn diesem Menschen ein Arzt entgegentritt, der seine Selbstdefinition ausschließlich oder doch vorwiegend aus seiner augenblicklichen Funktion (etwa als Zahnmediziner) bezieht und nicht aus seiner Personalität, dann kann er diesem Menschen nicht helfen.

Heilen durch das Wort. Ich denke, daß sich von hier her ärztliches Ethos auch zu definieren hat. Ethos hat immer ein Problem, das des Bezugsrahmens. Was ist sittlich gut? Diese Frage ist nicht so einfach zu beantworten. Ich schlage Ihnen hier eine Bestimmung des sittlich Guten vor, von der ich der Überzeugung bin, daß sie weit über alle ideologischen Differenzen akzeptabel ist. Sittlich gut ist das, was Leben erhält, Leben entfaltet, Leben möglich macht. In der Fachsprache sprechen wir vom Biophilie-Postulat. Im Biophilie-Postulat begegnen sich Technik, die notwendig ist, um Leben zu erhalten, zu entfalten, zur Verwirklichung zu bringen, und der Mensch. Leben kann nicht nur durch technische Methoden, wenn man mal von gewissen Grenzfällen absieht, die das physische Leben betreffen, entfaltet, bewahrt und erhalten werden. Das physische Leben ist nur ein Aspekt unseres Lebens. Das Biophilie-Kriterium fordert mehr, weit mehr als *dessen* Erhaltung. Leben bedeutet nicht nur physisches Leben, sondern auch soziales und psychisches Leben, bedeutet emotionales und auch musisches Leben. Nur ein Mensch, der sich in diesen Dimensionen entfaltet, lebt wirklich.

Wie aber können wir in der Begegnung mit unserem Patienten, nicht nur fixiert auf das physische Leiden, ihm helfen, sein psychisches, sein soziales, sein emotionales Leben zu entfalten? Und das hat er nötig, denn ein Patient ist ein Mensch, der nicht nur irgendeine Beschwernis an den Zähnen oder im Kiefer hat, sondern ein kranker Mensch, ein Mensch, der leidet. Ein kranker Mensch ist auch im Bereich des psychischen, des emotionalen, des sozialen Lebens erheblich reduziert. Wenn wir als Arzt oder als Therapeut heilen wollen, müssen wir auch diese Reduktion des Lebens im Auge behalten und nicht nur die physische Affektion. Wenn ich einen Menschen physisch repariere, ist er nicht geheilt. Reparieren ist nicht Aufgabe des Arztes, denn das könnte auch ein gut ausgebildeter Techniker. Der Arzt muß heilen. Heilen destruiert ungelebtes Leben, um es einmal negativ zu sagen. Heilen macht es möglich, sich in allen Bereichen des Personalen wieder zu entfalten.

Ich will mir hier nicht die Definition der Weltgesundheitsorganisation über Gesundheit unbedingt zu eigen machen, sicher aber ist diese Definition bedenkenswert und besser als manche andere Lehrbuchdefinition, wenn es da heißt, daß gesund der Mensch sei, der sich physisch aber auch psychisch und sozial wohl befinde. Ungelebtes Leben korrigieren und lebenswürdiges, lebenswertes, lebensvolles, lebensträchtiges Leben entfalten, das heißt Heilen. Und das ist nur möglich in personaler Beziehung zwischen Arzt und Patient und nicht in funktionaler.

Sicher kann heilen noch mehr bedeuten. Einer meiner hier anwesenden Freunde hat einmal die Frage gestellt: »Leben Sie oder lassen Sie leben?« Es gibt nicht wenige Menschen, die kaum in der Lage sind, selbst zu leben, sie lassen leben. Das Ziel allen Heilens muß sein die Bildung eines autonomen, sich in konkrete Gesellschaft sinnvoll einbringenden Menschen. Das meint Person. Erich Fromm bezeichnet das als Seins-Modus. Und jetzt fragen wir doch uns einmal, ich frage mich das jetzt auch, in welchem Umfange bin ich ein autonomer Mensch auf dem Wege zur personalen Interaktion mit anderen Menschen? In welchem Umfang neige ich dazu, heteronom zu agieren in funktionaler Interaktion mit anderen Menschen? Dann werde ich mich von meinem Haben und nicht von meinem Sein her definieren. Dann werde ich nicht nur in Gefahr kommen, mich selbst zu verlieren, sondern auch unfähig werden, andere Menschen zu heilen. Das ist für uns, die wir hier versammelt sind, eine existentielle Frage. Wer vom Haben besessen wird, kann nicht Heilen.

Ein weiteres. Wir alle sind in unserer Kommunikationsfähigkeit durch den Überfluß an Informationen, die auf uns einströmen, und die wir alltäglich verarbeiten müssen, weitgehend begrenzt. Die Menge an Information, verbunden mit der Hypertrophie der Bedeutung der Information, führt uns dazu, daß wir langsam aber sicher kommunikationsunfähig werden. Das heißt, daß wir die anderen kommunikativen Schichten, wie Kontaktvergewisserung, Selbstdarstellung und die nicht ausdrücklich gemachten Appelle gar nicht mehr wahrnehmen. Und wenn wir sie wahrnehmen, nicht mehr für wichtig halten.

Wir müssen wieder lernen, daß Worte, die wir sprechen, aber auch Worte, die wir nicht sprechen, Menschen nicht nur schaden, sondern auch töten können. Wir müssen wissen, daß Worte, die wir sprechen oder nicht sprechen, psychischen und sozialen Mord bedeuten können.

Genauso müssen wir wieder lernen, daß die Worte, die wir sprechen, zum physischen, psychischen und sozialen Heil gereichen können.

Wir müssen uns vor uns selbst, wenn wir schon keine höhere Instanz annehmen, einmal dafür verantworten: Haben wir mehr Heil, oder mehr Unheil gebracht? Haben wir eigenes und fremdes Leben entwickelt, oder haben wir um uns und in uns eine Zone des psychischen und sozialen Siechtums, vielleicht gar des Todes, aufgebaut?

Nur in der Begegnung mit Menschen können sensibilisierte Menschen, und ein leidender Mensch ist ein sensibler Mensch, sich in ihrem psychischen und sozialen Leben entfalten. Die Droge Arzt ist keine Droge, die man verordnen kann, denn ihre Wirkung hängt davon ab, welche Persönlichkeit dieser Arzt ist, ob er selbst gelernt hat zu sein und zu leben.

Der Patient kann durch uns Menschlichkeit wie Unmenschlichkeit erfahren und lernen. Er kann in der Begegnung mit uns Heil wie Unheil erfahren. Er kann in der Begegnung mit uns etwas mehr herausfinden, wer er selbst ist.

Die Antwort auf die Frage: »Wer bin ich?«, können wir nur beantworten aus den Interaktiosnangeboten anderer Menschen und unseren möglichen Reaktionen darauf. Der kranke Mensch stellt diese Frage, wenn auch nicht ausdrücklich, in besonderer Eindringlichkeit. Er weiß plötzlich nicht mehr, wer er ist, außer, daß er ein leidender Mensch ist. Wie wir mit ihm umgehen, das hilft ihm weit über diese Begegnung in der Sprechstunde hinaus, zu ahnen, wer er ist. Wenn wir ihn als Person annehmen, wenn wir mit ihm sinnvolle kommunikative Interaktion gestalten, wird er sich dem nähern, der er ist, wird ein wenig heiler, ein wenig mehr Mensch werden. Die Verantwortung dafür, daß ein Mensch heiler wird, mehr Mensch wird, ist in unsere, wie ich zugebe, armseligen Hände gegeben. Nun werden Sie sagen, meine Hände sind zu schwach um das, was Sie da hineintun, zu tragen. Ich glaube das nicht. Ich habe Ihren Ansprachen und den Reden sehr genau zugehört. Ich habe auch versucht, wahrzunehmen, wann und warum Sie applaudierten. Sie applaudierten immer dann, wenn Worte gesprochen wurden, die diesem Anliegen gerecht wurden.

Sie alle wollen Hände haben, die das tragen und ertragen können, was anderen Menschen und damit auch mittelbar uns selbst Heil bringt.

# Wandel der Einstellung zur Produktivität

Auf einer Fachtagung zum Thema »Produktivitätssteigerung durch angewandtes Industrial Engineering« scheint auf den ersten Schein philosophisches Denken nichts zu suchen zu haben. Ich vermute, der Schein trügt. Philosophie bedeutet verantwortete Verwaltung und Entfaltung menschlichen Bewußtseins. Philosophisches Denken setzt voraus, daß es, gleichsam seismographisch, verändertes Bewußtsein erkennt, beschreibt und in seinen Folgen für politische, ökonomische, soziale und kulturelle Systemaktivitäten bedenkt. Insofern solches Bedenken nicht aus bloßer Neugier geschieht, hat es ein praktisches Interesse: die Vermittlung von Bewußtsein und Sein (etwa konkreter ökonomischer oder politischer Situationen).

Ehe wir fragen, ob und wie Produktivität zur Lösung unserer Zukunftsprobleme beitragen kann, muß geklärt werden, wie sich die Einstellung nicht nur der Führenden und Verantwortlichen, sondern auch der vielen zur Produktivität in absehbarer Zeit wandeln wird. Diese Klärung darf nicht spekulativ bleiben, sondern hat an realen Fakten anzusetzen, die eine mögliche Veränderung des allgemeinen Bewußtseins signalisieren. Das allgemeine Bewußtsein ist keineswegs ein sich schnell wandelndes Bündel allgemeiner Vorurteile, sondern eine sich langsam evolvierende Instanz, die auf die Dauer jede Art von Systemaktivitäten bestimmt.

Sicherlich hängt, wie einst K. Marx vermutete, dieser Wandel vom gesellschaftlichen Umfeld und hier wiederum von der Entwicklung der Produktivkräfte ab. Soll heißen: In Zeiten, in denen sich Produktionsmethoden wesentlich ändern, beschleunigt sich der Prozeß des Bewußtseinswandels. Die konkreten Methoden aber, mit denen das Sozialprodukt erwirtschaftet wird, sind heute in lebhaftem Wandel: neue

Techniken halten Einzug (etwa durch die Verwendung von Mikroprozessoren), der relative Anteil der Dienstleistungen nimmt zu, das Management schiebt sich als dritte Kraft zwischen Kapital und exekutierende Arbeit, die Energiekosten steigen, das Bruttosozialprodukt wird in den kommenden Jahren vermutlich keine erheblichen Steigerungen kennen... Mit anderen Worten: Wir leben in einer sich vergleichsweise heftig evolvierenden ökonomischen Welt. Die Radikalität der Veränderung kann nur dann verborgen bleiben, wenn man extrem nahe Zeitpunkte miteinander vergleicht (also etwa selbst in die sich wandelnde Szene eng eingebunden ist).

Marx vermutete wahrscheinlich zu Unrecht, daß das gesellschaftliche Bewußtsein dem gesellschaftlichen Sein (es bestätigend oder kritisch befragend) folge. Vielmehr scheint das einmal in lebhaften Wandel versetztes Bewußtsein dem konkreten Sein seine Vorstellungen aufzuzwingen. Somit wird es wichtig, die Veränderungen des allgemeinen Bewußtseins sorgfältig zu beobachten und ins Kalkül zu ziehen. Denn das allgemeine Bewußtsein wird »zur materiellen Gewalt«.

Für eine wandelnde Einstellung zur Produktivität sind u. a. verantwortlich:

- geänderte Wertvorstellungen,
- gestörter Normentransfer (mit essentiellen Kommunikationsstörungen),
- veränderte Einstellung zur Zukunft.

Ich gehe hier davon aus, daß Bewußtseinsänderungen allgemein werden, wenn sich eine zunehmend größere Zahl von Menschen innerhalb eines gesellschaftlichen Systems offen zu solch verändertem Bewußtsein bekennt oder es gar als allgemeines einfordert oder doch ihr praktisches Verhalten so orientiert, als ob sie ihr Bewußtsein der beginnenden Evolution angepaßt hätte. Besondere Aufmerksamkeit ist geboten, wenn viele junge Menschen verändertes Bewußtsein über die Adoleszenzkrise hinaus beibehalten.

Unter »Produktivität« will ich in Folgendem die ökonomische (also nicht primär die kulturelle, soziale oder politische) Ergiebigkeit mikro- oder makroökonomischer Wirtschaftsprozesse verstehen. Diese Definition, die sicherlich in den folgenden Beiträgen ergänzt werden wird, scheint mir zureichend akzeptiert zu sein, um die Frage nach Einstellungsänderungen gegenüber der von ihr bezeichneten Sache zu beantworten. Diese Definition macht aber auch schon deutlich, daß eine Steigerung der ökonomischen Produktivität nicht als sozialer oder kultureller Fortschritt erlebt werden muß. Das gerade Gegenteil kann der Fall sein. Und dieses mögliche Faktum ist die Voraussetzung unserer Analyse. Es kann also sein, daß wachsende Produktivität in Verbindung gedacht und erfahren werden kann zur sozialen, psychischen, kulturellen Verarmung, Verödung, ja Verelendung. Es kann also sein, daß Menschen der Auffassung sind, daß expandierende Produktivität ein Hineinwuchern ökonomischer Zwänge ins Politische, Soziale, Psychische und Kulturelle bedeutet oder doch leicht bedeuten kann. Es kann also sein, daß Menschen eine die wirtschaftliche Expansion leitende »normative Kraft des Faktischen« als zutiefst unsittlich ablehnen, weil nur Ethik, nicht aber Fakten sittliche Normen begründen können.

Alles dieses kann sein. Und es ist so.

Wie aber läßt sich dieser Prozeß verständlich machen? Ich will versuchen, ihn drei Schritte weit mit Ihnen zusammen zu gehen.

### *1. Wesentliche, auch für die Einstellung zur Produktivität wichtige Wertvorstellungen ändern sich*

Ich will hier auf nur einige wenige Werte eingehen, von denen ich vermute, daß sie heute in die Phase ihrer Unselbstver-

ständlichkeit eingetreten sind. Zu diesen Wertvorstellungen und Wertbesetzungen, die wesentlichen Bereichen unserer ökonomischen Interaktionen erheblich zu sein scheinen und bei denen ein Wandel unverkennbar ist, gehören:

- Eine Verschiebung der Selbstdefinition vom Außen zum Innen.
- Eine Verschiebung der positiv gewerteten Interaktionen von Subordinationsmustern zu Koordinationsmustern.
- Eine Verschiebung der Selbstdefinition vom Haben und Sein.

Die Verschiebung der Selbstdefinition vom Außen zum Innen wird u. a. an folgenden neuen Akzentuierungen deutlich:

a. Die Expansion nach außen wird zunehmend gering gewertet. Ein Mensch, der, um mit sich selbst leben zu können, eine wachsende Einflußsphäre benötigt, wird i. a. gering geachtet, weil er sein Selbstverständnis nicht in dem gründet, was er ist, sondern aus dem, was er sein will oder sein möchte. Wer die Frage nach dem Lebenssinn für sich nicht beantwortet hat, flieht in die Aktion. Er kann letztlich nur nach außen leben. Von den Erfolgen oder Mißerfolgen dieses Außenlebens wird er abhängig. Er weiß nicht, wer er ist, es sei denn, andere oder der private und/oder der berufliche Erfolg sagen es ihm. Die Frage nach dem Lebenssinn wird an Außeninstanzen und Zufälligkeiten delegiert. Versagen diese Instanzen, kommt es zu Lebenskrisen (etwa der Adolenszenzkrise, der Mittlebenskrise, der Endlebenskrise...), die sich in Sinnlosigkeitserfahrungen deutlich machen.

Es liegt nun nahe anzunehmen, daß Menschen, die sich selbst nur begegnen, wenn sie nach außen (sozial) expandieren, auch in ihren ökonomischen Einstellungen (etwa zur Produktivität) dieses Expansionsdenken übernehmen.

Sie werden als »menschlich minderwertig« klassifiziert. Oder aber man vermutet, daß sie ihre innere Leere und Bedeutungslosigkeit durch Außenerfolge zu kompensieren trachten.

b. Anerkennung wird gering geachtet, dagegen wird Zuneigung gesucht. Die Neuakzentuierung widerspricht der bürgerlichen Erziehung heute, die zumeist Zuwendung an Erfolg bindet. Sie ist insoweit pathogen, als Erfolg in Situationen des konkreten Lebens selten Zuwendung bringt, sondern bestenfalls Anerkennung – oft gar bloß Einsamkeit. Wer sich also um Anerkennung bemüht, und dazu die Technik »Erfolg« einsetzt, demonstriert damit seine psychische Verarmung. Menschen benötigen, um sozial leben, überleben zu können, nicht der Anerkennung, sondern der Zuneigung. Die aber ist nicht über Erfolg zu haben. So gelten denn Menschen, die über Erfolg ihre sozialen Bedürfnisse zu befriedigen trachten, als psychisch oder sozial krank, insofern sie entweder nicht erkennen, daß allein Zuwendung soziale Erfüllung bringt, oder aber sie keine sinnvollen Techniken beherrschen, Zuwendung zu erhalten oder mit ihr umzugehen.

Die Verschiebung der Wertungen der beherrschten Interaktionsmuster von der Subordination (meist verbunden mit dem Willen, etwas zu sagen zu haben, das auch andere Menschen betrifft) zu Koordination, in der allenfalls rein funktionale Autorität akzeptiert wird, ist heute im westlichen und nördlichen Europa verbreitet. Das Gleichheitsprinzip der Französischen Revolution erreicht das allgemeine Bewußtsein. Hier stellt sich die Frage, ob und in welchem Umfang Produktivität einerseits und Führungsstil andererseits aufeinander abbildbar sind. Es gibt gute Gründe anzunehmen, daß Mitarbeiter, deren soziale Bedürfnisse in den betrieblichen Interaktionen möglichst vollständig befriedigt werden, keineswegs optimale Effizienz erreichen (»Führungsbusen«). Optimale Arbeitsproduktivität wird oft ein gewisses Maß an Unzufriedenheit der Mitarbeiter nicht nur nicht in Kauf nehmen müssen, sondern sogar als Führungsinstrument gelegentlich einsetzen. Das Bedürfnis nach Koordinationsinteraktionen, die für die meisten psychisch gesunden Menschen befriedigender sind als Subordinationsinteraktionen, wird also oft – um optimaler Produktivität willen – nicht realisiert werden können. Ein ökonomisches System aber, das wesentlichen Bedürfnissen der produzierenden Menschen widerspricht, ist als inhuman anzusehen. Optimale Produktivität scheint also nur um den Preis von Inhumanität erreichbar.

Die Vorliebe der »bürgerlichen Interaktionen« für Subordinationsmuster wird zumeist hergeleitet aus der Tatsache, daß in der »bürgerlichen Erziehung« Normen in Subordination (also durch Befehls-Gehorsams-Interaktionen) und nicht in Koordination (also durch Nachahmung, Mitmachen, freie Vorbildwahl) erworben werden. Da wir Menschen dazu neigen, Situationen herzustellen, in denen wir uns normengeleitet verhalten können (denn das vermittelt Verhaltenssicherheit bei wenig sozialem und psychischen Aufwand), versuchen bürgerlich erzogene Menschen in der Regel Subordinationsinteraktionen herzustellen. Da diese aber nicht zu emotionaler und sozialer Entfaltung führen, werden sie abgelehnt – und mit ihnen alles, was sie zur Voraussetzung haben.

c. Endlich ist darauf zu verweisen, daß nicht wenige Menschen es ablehnen, sich von ihrem Haben her zu verstehen. »Haben« – das meint keineswegs nur materielles Besitzen und das Verfügenkönnen über fremdes Verhalten. Der Geist des Habens ist vielmehr immer dann gegeben, wenn sich Menschen von ihrem Haben her selbst verstehen. Und zum Haben gehört auch das soziale Haben (soziale Anerkennung, soziale Sicherheit, soziale Abhängigkeit in der Bestätigung der eigenen Arbeit...) und das intellektuelle Haben (alle der vielen Gewißheiten, die unser Leben orientieren, ohne daß sie in Realität gegründet sein müßten). Sehen sich Menschen, die sich selbst vom Geist des Habens her verstehen (was sie in aller Regel nicht zugeben werden), in ihrem Haben bedroht oder gefährdet, reagieren sie, als ob sie existentiell gefährdet seien. Ich will das an einem Beispiel erläutern. Ein Mensch, der sich von seinen Vorurteilen her definiert, wird aggressiv (und nicht rational) reagieren, wenn seine Vorurteile in Frage gestellt werden. Denn er fühlt nicht etwa seine Selbstverständlichkeiten, sondern sich selbst angegriffen oder gar bedroht. Solche Voruteile können die merkwürdigste Form annehmen: Etwa, daß die Deutschen fleißiger seien als die Franzosen, Strafgefangene minderwertigere Menschen seien als die »Redlichen«, Kommunisten und Anarchisten entweder dumm oder unredlich seien... In jedem Fall haben sie die Funktion, die soziale Ordnung zu erleichtern.

Es ist durchaus »gut«, etwas zu haben. Problematisch wird es, wenn man von seinem Haben gehabt wird, von seinem Besitz besessen wird, denn dann werden Sachen zum Herrscher über Menschen.

Mit der der Habensorientierung widersprechenden Seinsorientierung ist heute nicht selten eine Reduktion des »Seins« auf das Natursein verbunden. Die Orientierung also am »Kultursein«, an dem, was wir Menschen uns geschaffen haben, wird nur dann akzeptiert, wenn diese beiden Seinsformen einander nicht widersprechen. Im Zweifel ist dem Natursein zu folgen. Die Begründung scheint einfach: Nur die Orientierung am Natursein schafft uns Menschen Selektionsvorteile, mangelnde Orientierung aber am Natursein wird über Selektionsmechanismen zur Selbstausrottung der Menschen führen.

Was hat das nun mit Produktivität zu tun? Produktivität und produktives Wachstum sind allenfalls Werte im Horizont einer Kulturwelt, einer Welt also, die wir Menschen bestenfalls der Natur abgetrotzt haben – oft gegen den Widerstand der Natur. Das Bemühen um Steigerung der wirtschaftlichen Produktivität ist also, wenn es sich nicht stets rückbezieht auf die Naturwelt und ihre Regeln, Folge eines Selbstmordprogramms, über das die Naturwelt sich der sie bedrohenden

Species Homo sapiens entledigen will, um sich selbst zu schützen. (Sie werden diese anthropomorphen Bilder wohl entschuldigen. Selbstverständlich ist »die Natur« kein handelndes Subjekt, wohl aber kann sie optimale Orientierung an ihre Gesetze erzwingen – mit der Bestrafung des Untergangs einer Art.)

Vor dem Anspruch solcher Gedanken wird Steigerung der Produktivität abgelehnt, weil sie
– dem Geist des Habens entspringt,
– heute dem Natursein zuwider ist.

### *2. Wesentliche auch für die Einstellung zur Produktivität wichtige Normen werden nicht mehr übermittelt*

Die wesentlichen Normen, die das Verhalten der Menschen zueinander bestimmen, sind Gesetzesnormen, moralische Normen, Rollennormen und Sprachnormen. Der Transfer der Kataloge solcher Normen, der allein die Identität eines sozialen Systems sichert, ist zu allen Zeiten problematisch gewesen und wurde unter dem Titel »Generationskonflikt« zum Gegenstand soziologischer und literarischer Behandlung. Das Wort bezeichnet eine Situation, in der die folgende Generation die Selbstverständlichkeit der geltenden Normen in Frage stellt. Das tat die Jugend aller Zeiten. Doch kennen wir auch Abweichungen von dieser Normalität des Verweigerns mit dem Ziel, durch den Widerstand, den das Verweigern hervorruft, die eigene Identität zu finden, um sich – wenn solches geschehen – doch den überkommenen Normenkatalogen im wesentlichen anzupassen. Diese Zeiten der Abweichung sind erkennbar an
– der Unsicherheit der Tradierenden über den Nutzen der überkommenen Normen und der damit verbundenen Verweigerung, sie als selbstverständlich weiterzugeben,

- der Verweigerung der Nachkommenden, die Selbstverständlichkeit der geltenden Normen nach Abschluß der Adoleszenz zu akzeptieren.

Solche Zeiten sind prinzipiell revolutionär – soll heißen: Es ist nicht auszuschließen, daß sich jenseits dieser Zeit eine Gesellschaft qualitativ anders selbst definiert als vorher. Das bedeutet etwa, daß sie über andere Normen und andere kollektive Vorurteile und Wertungen verfügt.

Ich vermute, daß wir in einer solchen Zeit leben. Die konkrete Krise, die sich in aller Offenheit zu Ende der 60er Jahre manifestierte, ist zum guten Teil besorgt durch Unsicherheiten im Normentransfer und durch Problematisieren der Selbstverständlichkeit der Normengeltung. Wenn heute eher konservative Politiker an die »alten Werte« appellieren, übersehen sie zumeist, daß sie irreparabel verloren gegangen sind. Das mag folgende Gründe haben:

- Die Menge der Normen wurde erdrückend. Die inneren und äußeren Zwänge, die von ihnen ausgehen, beschränken Freiheit (Spontaneität und Autonomie) in einer als unerträglich empfundenen Weise.
- Viele Normen erweisen sich als unbrauchbar zur Regulation von Interaktionen im System. Werden in diesem erhebliche Anteile disfunktional, wird die »Produktivität« jeder Struktur, also auch der ökonomischen abnehmen. Zeiten revolutionären Bewußtseins waren niemals Zeiten wachsender ökonomischer Produktivität (weder in Makro- noch in Mikrosystemen). Das sich transformierende System benötigt zu viele Kräfte für eben diese Transformation, als daß die Produktivität eines sozial stabilen Systems erreicht werden könnte. Sicherlich werden die Systemagenten zur Erhöhung oder doch zur Stabilisierung der Produktivität versuchen, den »menschlichen Faktor« möglichst unerheblich zu halten (durch verschiedenartige Formen der Rationalisierung), doch

- kommen sie nie ganz ohne diesen Faktor aus und
- wirken soziale, politische und kulturelle Krisen und Konflikte unmittelbar auf die ökonomische Struktur ein (etwa durch Gesetze, Interessenvertretungen, kollektive Überzeugungen...)

Verschiedentlich ist gegen die Erscheinung des Wertewandels eingewandt worden, daß repräsentative Umfragen nichts von solchem Wandel ausmachen ließen. Dieses Argument ist wenig überzeugend, da – zugegeben – Erwachsene und Jugendliche ganz ähnliche *Worte* verwenden, wenn sie darstellen wollen, was ihnen werthaft ist. Doch gilt es zu bedenken, daß sich hinter der Identität der Worte sehr verschiedene emotionale und semantische Bedeutungen verbergen. So bedeutet »Friede« für die meisten Erwachsenen die Abwesenheit von Krieg, für die meisten jungen Menschen, die Fähigkeit von Gesellschaften, ihre Konflikte konstruktiv zu lösen. So bedeutet »Freiheit« für viele Erwachsene politische und ökonomische Freiheit (d. h. das Fehlen von zur menschlichen Disposition stehenden politischen und ökonomischen strukturellen oder funktionalen Zwängen), während es für viele junge Menschen personale Freiheit bezeichnet (etwa sich einen Beruf wählen zu können). So bedeutet »Demokratie« für die meisten Erwachsenen das, was wir in der Bundesrepublik zur Zeit haben, für die meisten jungen Leute aber die Eigenschaft eines Gesellschaftssystems, in dem alle Gewalt erfahrbar von den Mitgliedern eines Volkes ausgeht...

Man tut also sehr wohl gut daran, den Wertewandel, auch wenn er sich nicht *unmittelbar* in der sprachlichen Protestation nachweisen läßt, aus dem Verhaltenswandel zu erheben. So steht denn zu erwarten, daß sich zwar viele junge Menschen zu den Werten der Erwachsenen (nominell) bekennen, sich aber zugleich immer mehr von der Erwachsenenwelt abkoppeln. Solche Abkoppelungen sind ein überzeugenderes Symptom eines Wertewandels als alle semantischen Differenzen.

### *3. Wesentliche, auch für die Einstellung zur Produktivität wichtige Einstellungen zur Zukunft ändern sich*

Ich vermute, daß die Annahme, die politische, ökonomische und soziale Situation bliebe auf absehbare Zeit stabil, ein notwendiger Motivator ist, wenn es darum geht, Produktivität zu steigern. Vermutlich werden sich nur wenige Menschen bereitfinden, in der Produktivitätssteigerung selbst einen Wert oder auch nur Nutzen zu sehen. Sie hat erst Wert und Nutzen durch das, was ihr folgt: Gewinnoptimierung, ökonomische (vielleicht gar dadurch vermittelt, politische, soziale, kulturelle, psychische) Expansion, soziale Sicherheit und Anerkennung. Allgemein also: Eine kalkulierbare bessere oder doch der Gegenwart vergleichbare Zukunft.

Nun aber wachsen Menschen heran, deren Verhältnis zur eigenen wie zur gesellschaftlichen Zukunft anders ist als das vom heute noch vorherrschenden Bewußtsein geprägte. Dieses geänderte Verhältnis kann sich sehr verschieden darstellen:

- als Angst vor der Zukunft (der physischen, psychischen, sozialen),
- als Desinteresse vor der Zukunft (»Lebe dem Tag und vertraue so wenig wie möglich dem Kommenden« [Horaz],
- als Sorglosigkeit vor der Zukunft (»So what?«),
- als Aggression gegen die Zukunft des Selbstverständlichen, die hervorgeht aus dem Willen, nur in einem Zukünftig leben zu wollen, das sich von dem als miserabel erfahrenen Gegenwärtig deutlich unterscheidet.

  Die Ohnmacht also, die als bedroht erfahrene eigene Zukunft beherrschen zu können,

– sei es, weil sie von anderen gemacht wird,
– sei es, weil sie schrecklich zu sein droht,
führt zu einer Ohnmachtserfahrung, auf die viele Menschen je nach psychischer Disposition mit Angst, Depression oder Aggression reagieren.

Ich vermute, daß solche Menschen kaum mehr motivierbar sind, eine Leistung zu erbringen, im Rahmen derer eine gesteigerte Produktivität allein interessant wäre. Denn Produktivität steht (sieht man einmal von der Produktion von Nonsens-Produkten ab) in einem unmittelbaren oder mittelbaren Bezug zum Konsum bzw. zum Konsumenten. Dessen Verhalten wird aber weitgehend von seinen Haltungen und Einstellungen zur eigenen und sozialen Zukunft bestimmt. Sieht diese eher negativ aus, wird das Konsumverhalten wenig Spiel lassen für sich weitende Märkte.

Mit anderen Worten: der vor Zukunft desorientierte Mensch wird sowohl als Produzent als auch als Konsument kaum an einer Expansion der Produktivität interessiert sein oder sich für sie interessieren lassen. (Er hat andere Sorgen und Interessen.) Ist aber solches Desinteresse Teil des allgemeinen Bewußtseins geworden, wird sich gegen es kaum eine Produktivitätssteigerung als sinnvoll erweisen, selbst wenn sie sich technisch durchsetzen ließe.

Fragen wir uns abschließend, was in dieser Situation zu tun ist. Sicherlich wäre es fahrlässig, die Probleme von Produktion und Produktionssteigerung ausschließlich von technischen oder ökonomischen Gesichtspunkten aus zu diskutieren. »Produktivität an sich« ist ein Nonsens-Begriff. Produktivität in allen ihren Aspekten (als Arbeits-, als Kapital-, als Ressourcenproduktivität) ist immer auf konkrete soziale Tatsachen zu beziehen. Und diese werden bekanntlich ebensosehr wie durch Realität durch Überzeugungen konstituiert. Der Versuch, am allgemeinen Bewußtsein vorbeizuplanen, mag vielleicht für einige Zeit im sozialen Mikrosystem einer

Familie gut gehen, kaum aber in einem Handwerksbetrieb oder gar in einem nationalökonomischen Makrosystem.

Wir haben also zwei Möglichkeiten:

- Wir passen uns dem vermuteten Trend der Entwicklung des allgemeinen Bewußtseins an
- oder wir versuchen, dieses selbst zu ändern.

Im ersten Fall bestehen kaum Chancen, außer in begrenzten Marktnischen, auf die Dauer die bestehende Produktivität zu mehren. Die reale Möglichkeit des zweiten Falls zu bedenken, fehlt mir der Optimismus. Sicher hat es immer wieder in der Geschichte der Menschheit Phasen der Reaktion gegeben, in denen sich Menschen auf Werte, Normen und Hoffnungen der eigenen oder kollektiven Vergangenheit besannen. Doch fehlt auch nur das geringste Anzeichen dafür, daß solche »Middle-West-Mentalität« bei uns zum allgemeinen Bewußtsein werden könnte. Das setzt unter anderem voraus, daß wir dessen Inhalte in wesentlichen Anteilen positiv werten. Man kann eine durchbrennende Herde nur führen, wenn man sich an ihre Spitze setzt, nicht aber, indem man hinter ihr her lamentiert und an die guten alten Zeiten (etwa der sechziger und siebziger Jahre) appelliert.

Hierin sehe ich die große Gefahr für eine relative Kontinuität unseres sozialen Systems: daß Konservative und Progressive nicht mehr miteinander sprechen (können oder wollen). Entgleitet uns die Entwicklung der Dialektik von konservativ und progressiv, wird sie unvorhersehbar und ist nicht mehr zu leiten. Dialektik aber setzt sehr intensive Interaktionen voraus. Solche aber werden – wie es scheint – tendenziell immer unerheblicher und unwirksamer. Die beiden Parteien driften auseinander in Bereiche, aus denen heraus eine sinnvolle Kommunikation nicht mehr möglich ist. Sinnvolle Kommunikation setzt u. a. voraus, daß ich die Werte, Normen und Zukunftshaltungen meines Gegenübers nicht nur achte, sondern auch für partiell berechtigt halte. Aus der

Position der Selbstverständlichkeiten ist keine Kommunikation möglich.

Krisen und Konflikte haben ihren Grund in Kommunikationsstörungen. Sie können nur beigelegt werden durch die Rekonstruktion der Kommunikationsfähigkeit. Ich vermute, daß alles, was wir über Produktivität hören werden, nur sinnvoll ist, nur praktisch werden kann, wenn es uns gelingt,

- die Selbstverständlichkeit unserer eigenen Position in Frage zu stellen,
- Krisensymptome richtig zu erkennen und zu erklären,
- Strategien zur Wiederherstellung einer kommunikativen Situation zu entwickeln, damit der gesellschaftliche Wandel prinzipiell, wenn auch nicht sicher vorhersehbar, so doch im Prinzip beherrschbar bleibt.

Wer Einfluß nehmen möchte auf die Veränderung des allgemeinen Bewußtseins, wird sich zweitens abkoppeln müssen von den Zwangsvorgaben des Seins, die gemeinhin als »normative Kraft des Faktischen« gefeiert oder verflucht werden. Die Normen, die konkrete Fakten menschlichem Handeln und Entscheidungen aufzwingen, wenn es in konkreter Welt (und das meint hier vor allem Kulturwelt) bestehen will, wenn es also konkurrenzfähig bleiben will im »Kampf ums Dasein«, sind stets an eine spezifische Form gebunden, in der Menschen ihr gesellschaftliches, ökonomisches, politisches und kulturelles Leben reproduzieren. Die Selbstverständlichkeit wird aber gerade vom sich wandelnden Bewußtsein in Frage gestellt.

Um den Forderungen des Faktischen zu gehorchen, ist Fachkompetenz vonnöten, um sich von solchen Zwängen zu befreien, soziale. Wer heute Einfluß nehmen will auf Entwicklungsrichtung und -geschwindigkeit des allgemeinen Bewußtseins, wird seine soziale Kompetenz zu bilden haben – und das um so mehr, als er in der Führungshierarchie oben steht.

Die soziale Kompetenz eines Menschen drückt sich vor allem in seiner Fähigkeit aus, soziale Konflikte konstruktiv zu lösen. Zum technischen Repertoire der Konfliktfähigkeit gehören u. a. sicher folgende Fähigkeiten:

- die Beherrschung gruppendynamischer Abläufe,
- die Fähigkeit, konkrete Situationen unorthodox zu sehen und zu interpretieren,
- die Fähigkeit zur Dialektik (d. h. Konsens herzustellen und Probleme zu lösen durch gemeinsamen Erkenntnisfortschritt in eigens dafür entwickelten Formen der dialogischen und rhetorischen Interaktion),
- die Fähigkeit, gegen die normative Kraft des Faktischen die normative Kraft einer allgemein akzeptierten Ethik zu setzen und durchzusetzen.

Da wir allein über unsere soziale Kompetenz Einfluß nehmen können auf das sich wandelnde Bewußtsein, ist diese Kompetenz wenigstens ebenso erheblich, wenn es um Produktivität geht (wie kann sie wachsen, wie kann sie erhalten bleiben?) wie die fachliche. Was nutzen uns fachliche hochqualifizierte Konzepte, wenn sie nicht durchsetzbar sind, weil ihnen das allgemeine Bewußtsein entgegen ist, oder sie an ihm vorbeidenken.

Und so will ich denn zum Schluß noch einmal auf die Philosophie und ihre Rolle in konkreter Gesellschaft verweisen. Sie beobachtet und deutet nicht nur den Wandel menschlichen Bewußtseins, sondern sucht ihn auch führend zu begleiten. Nicht zufällig sind heute die Differenzen zwischen Süd und Nord, zwischen Ost und West erststellig philosophischer Art. Da steht Marxismus gegen Liberalismus, Pragmatismus gegen religiöse Lebens-, Geschichts- und Gesellschaftsentwürfe. Im Horizont dieser Entwürfe und in der Auseinandersetzung zwischen und mit ihnen spielt sich das Schicksal der Menschen ab. Und auch das unserer Ökonomie.

## Um christlich bleiben zu können...
## *...braucht das Christentum Ketzer/ Über »Die Ketzer« und »Credo«*

*Frage:* Herr Professor Lay, gestatten Sie mir, unser Gespräch mit einer kritischen Bemerkung zur Misere christlicher, besser vielleicht noch kirchlicher Selbstdarstellung zu beginnen. Als ich kürzlich einige Ausgaben der Vatikanzeitung »L'Osservatore Romano« zur Hand nahm, machte ich die Feststellung, daß ihre Sprache und ihr Inhalt sozusagen einer anderen Welt zugehörig sind – beides erreichte mich nicht. Auch eine Abendmesse im Freiburger Münster vermochte in mir nicht die seelische und geistige Bereitschaft auszulösen, mich der christlichen Botschaft zu nähern – die Verkündigung schien mir in der Liturgie zur bloßen Form erstarrt. In der Tat ist die »Sprache des Heiligen«, wie Sie in Ihrem Buch »Die Ketzer« schreiben, »für immer mehr Menschen eine Sprache der Unwirklichkeit, des Merkwürdigen, vielleicht des Alten und einer ehrwürdigen Tradition« geworden, die sie aber nicht mehr erreicht, geschweige denn anspricht und ergreift. Auf welche Weise könnte nun die christliche Botschaft wieder zum Leben erweckt werden?

*Lay:* Sie stellen eine schwere Frage. Ich kann sie auch nicht generalisierend beantworten, sondern nur in dem Bereich meiner begrenzten Erfahrung. Dieser Erfahrungsbereich erstreckt sich im wesentlichen auf Studenten und führende Vertreter von Politik und Wirtschaft. Hier versuche ich christliche Botschaft in einer Sprache darzustellen, die nicht im Mittelalter wurzelt mit seiner Symbolik, zu der wir heute kaum mehr einen Zugang haben.

Sowohl in meinem Buch »Die Ketzer«, auf das Sie sich hier beziehen, als auch in dem Nachfolgebuch »Credo – Wege zum Christentum in der modernen Gesellschaft« gehe ich von dem Gedanken aus, daß sich Gott – wenn ich an Gott glaube – uns in Wort *und* Schöpfung offenbart, daß aber der Primat des Interesses der heutigen Menschen nicht auf Worte ausgerichtet sein kann, die durch 2000jährige, durchaus verantwortete Verwaltung der Theologie ins Ghetto des bloß theologischen Interesses abgerutscht sind, weshalb sie auch nur noch in diesem theoretischen Erkenntnisinteresse überhaupt verstehbar sind.

Wenn wir nun die andere Ausdrucksmöglichkeit des sich offenbarenden Gottes nehmen, die Schöpfung, wie sie sich uns im Kosmos darbietet, im unbelebten und im belebten Kosmos, vor allem aber auch im Menschen selbst und in den Strukturen, die Menschen geschaffen haben, ist sicher, daß wir uns auf diesem Wege dem sich offenbarenden Gott nähern können, daß hier also ein Zugang zu ihm möglich ist. Warum sollen uns die Vertreter der Profanwissenschaften in ihrem Bemühen um die geschaffene Welt, selbst wenn sie nicht wissen, daß es sich um eine geschaffene Welt handelt – jedenfalls in der Reflexion gegenüber dem Aspekt des Geschaffenen –, warum sollen sie uns nicht Antworten des sich offenbarenden Gottes geben? Daraus folgt, daß die Theologie nur noch jene Antworten zu geben hat, die auf Grund der Schöpfungsoffenbarung uneindeutig oder zumindest nicht eindeutig genug beantwortbar sind. Wir sollten also die Sache einfach umdrehen: nämlich mit dem Primat der Schöpfungsoffenbarung beginnen und die Theologie mit der Verwaltung der Wortoffenbarung als Korrektiv einsetzen – nicht mehr.

*Frage:* Sie verweisen in Ihrem Buch gewiß zu Recht darauf, »daß das Bewahren von Sicherheiten zu allen Zeiten für Menschen ein sehr viel stärkerer Motivator war und ist als das Erkennen von Wahrheit«. Wieweit trifft das auf die gegenwärtige Situation der Kirche zu? Wo verbirgt sich das Konfliktpotential im Verhältnis Glaube, Kirche und Welt?

*Lay:* Wir haben es hier mit einer Fülle von realen Konflikten zu tun, nicht nur mit potentiellen Konflikten. Die akuten Konflikte sind zum guten Teil dadurch entstanden, daß sich die selbstverwaltende Wortoffenbarung weitgehend von den materialen Inhalten der Jesusbotschaften, die uns zur Verfügung stehen und rekonstruierbar sind, abgelöst hat. Sie hat ein riesiges Gebäude geschaffen – noch dazu in sehr pluralen Mustern –, die sich praktisch kaum noch im Horizont der Jesusbotschaft reflektieren lassen. Es gibt theologische Systeme in großer Zahl – und nach dem Zweiten Vatikanischen Konzil sind sie noch reicher hervorgesprudelt –, die denen, die das Innen eines solchen Systems akzeptieren, persönliche Sicherheit geben. Allerdings sind es nur relativ wenige, die in solchen Systemen ihre Sicherheit finden, denn das setzt voraus, daß sie in einer Denkschule herangezogen wurden, in der bestimmte theologische Begriffe eine bestimmte emotionale Bedeutung haben. Die meisten theologischen Begriffe haben heute keine eigentlich semantische Bedeutung mehr; sie werden entweder mit Angstbesetzung oder mit positiven emotionalen Besetzungen hin und her geschoben. Das trifft auch auf Worte wie Gott oder Gnade oder Sünde zu.

Ich habe einmal Theologiestudenten gefragt, von was uns denn Jesus Christus erlöst hat, worauf nur ein großes Schweigen antwortete. Keiner der über 100 Studenten wußte eine Antwort. Das Wort »Erlösung« hatte für sie keine semantische, sondern nur eine allenfalls emotionale, dabei durchaus positive Bedeutung: »Ich bin froh, daß mich Christus erlöst hat.« Was dann aber Erlöstsein bedeutet, wurde nicht reflektiert. Es genügte ihnen, daß damit irgendeine Positivität zugesprochen worden ist.

So sieht das mit einem konkreten Christen aus, auch wenn er systemimmanent in einem der theologischen Denkgebäude beheimatet ist: im deutschen Sprachraum etwa in den Systemen von Hans Urs von Balthasar, Karl Rahner oder der

»Politischen Theologie«, vielleicht auch im System der »Theologie der Befreiung«. Sicherheiten werden nicht nur durch semantische, sondern nur durch emotionale Bedeutung vermittelt, so wie es früher einmal »König«, »Kaiser«, »Vaterland« und andere große Worte waren, bei denen es den Menschen warm ums Herz wurde, und die ihnen zu ihrer individuellen, psychischen und sozialen Identität verhalfen. Das geht nun heute nicht mehr. Menschen von heute, wenn sie redlich genug sind, diesen Mechanismus zu durchschauen und sich von den emotionalen Bedeutungen der Worte nicht mehr beeindrucken lassen – diese Menschen stehen jetzt theologisch im kalten Regen.

Während in der Vergangenheit die Identifikation mit der Kirche oder auch mit irgendeiner der von der Kirche tolerierten christlichen Theologien für viele Menschen identitätsgründend war, ist das heute nicht mehr der Fall. Weil die meisten Menschen zur Identitätsgründung Identifikationen nötig haben, steht die Sinnproblematik gegenwärtig im Vordergrund vielen menschlichen Fragens, und zwar nicht nur in den adoleszenten und pubertären Phasen, sondern auch in den Krisen der mittleren und späten Jahre. Es gibt kein Identifikationsangebot mehr, das zureichende Orientierung lieferte für eine umfassende Identifikation, für das Festmachen der eigenen Identität. Das bedeutet erstens gesellschaftliche Krise, zweitens individuelle, psychische Krise und drittens religiöse Krise. Die Kirche wird dabei von der überwiegenden Zahl der Menschen nur noch als soziale und ökonomische Institution empfunden, aber nicht als hilfreich in der Beantwortung zentraler Lebensfragen.

Dazu mag auch der große institutionelle Rahmen beigetragen haben, den sich die Kirche im Verlauf der Zeit geschaffen hat und der besonders in ihrem aufgeblähten Verwaltungsapparat in Erscheinung tritt. Sie würden überrascht sein, wieviel finanzielle Mittel die Eigenverwaltung, die Dienstleistungen der Kirche an sich selbst, verschlingen. Und natürlich unternimmt die Kirche alles, um die Rollen, die diese ökonomische Situation hervorgebracht hat, zu erhalten. Das ist wesentlich für alle Institutionen, und es wäre ungerecht, der Kirche daraus einen Vorwurf machen zu wollen, denn schließlich ist sie eine von Menschen mitgeschaffene und von ihnen ausschließlich verwaltete Institution.

*Frage:* Warum erlaubt das Fundament der christlichen Botschaft der Kirche, wie Sie schreiben, »stets eine religiöse Identitätsbegründung, nicht aber eine soziale«? Sind die Thesen der Bergpredigt keine ausreichende soziale Indentitätsbegründung?

*Lay:* Das Problem liegt darin, daß wir die Bergpredigt für Menschen anderer Gewissensstrukturen nicht verpflichtend machen können. Ich kann zwar für mich mein Leben nach den Regeln der Bergpredigt organisieren; ich kann auch zu anderen sagen, kommt, wir gründen eine Kommunikationsgemeinschaft, die nach den Regeln der Bergpredigt organisiert ist. Aber wenn ich sage, das muß so sein im gesamten sozialen Bereich, dann würde das auf eine »geschlossene Gesellschaft« hinauslaufen.

*Frage:* Herr Professor Lay, würden Sie sagen, daß der immer wieder beschworene Dialog zwischen Kirche und Welt in Wahrheit gar nicht stattfindet und daß jeder Teil für sich einen aufwendigen Monolog führt?

*Lay:* Mit dem Dialog zwischen Kirche und Welt ist das eine merkwürdige Sache. Der offizielle Dialog ist durch das Postulat von Papst Johannes XXIII. nach Öffnung zustande gekommen und wurde dann im Zweiten Vatikanischen Konzil manifest. Der Dialog – und das war sicher die Ambition der Theologen, wenn auch nicht immer der offiziellen Kirche – sollte dazu führen, der Welt den Reichtum christlichen Glaubens vorzustellen. Er war im wesentlichen als Einbahnstraße gedacht. Das heißt, wenn es der Kirche gelänge, sich in moderner Sprache auszudrücken, dann könnte sie aus ihren Quellen Anregungen in die Welt verströmen. Dies war der Grundgedanke. Der Effekt war aber ein ganz anderer. Der Kirche ist es nicht gelungen, sich in moderner Sprache auszudrücken, so daß der Strom der Welt in die Kirche sehr viel größer war als der Strom der Kirche in die Welt. Für die Kirche galt es nun, den Strom der Welt, der schon langsam ihre tragenden Pfeiler auszuhöhlen begann, wieder zu bremsen, und er wird inzwischen sehr massiv gebremst. Wenn Sie diese Situation des Bremsens als monologische Position verstehen, dann würde ich Ihren Begriff des »aufwendigen Monologs« akzeptieren.

Die Dialogfähigkeit der Theologen ist – das können wir ruhig annehmen – stark reduziert, weil sie immer, teils unbewußt, teils bewußt, von der Dominanz der Wortoffenbarung über die Schöpfungsoffenbarung ausgehen. Und solange sie das tun, ist kein Dialog möglich.

*Frage:* Auch nicht zwischen Religion und Wissenschaft?

*Lay:* Hier müssen wir unterscheiden: zwischen Theologie und Wissenschaft, das ist die eine Schicht. Die andere Schicht wäre zwischen Religion und Nichtreligion oder zwischen gläubigen und nichtgläubigen Menschen. Allerdings weiß ich nicht, was ein nichtgläubiger Mensch ist; ich bin eigentlich noch nie einem begegnet.

Was die wissenschaftliche Reflexionsebene anbelangt, so gibt es de facto keinen Dialog. Ich konnte das erst kürzlich wieder auf einer Tagung in Salzburg zum Thema »Evolution und Schöpfung« deutlich feststellen. Die theologischen Aussagen fanden keine Akzeptanz in dem Sinne, daß sie zur Diskussionsgrundlage genommen worden wären. Sie wurden zur Kenntnis genommen. Akzeptiert wurde allenfalls der religiöse Gehalt theologischer Aussagen.

Warum das so ist, möchte ich gerne erläutern. Die meisten profanen Wissenschaften entstanden nicht aus Neugier, sondern zur Beantwortung konkreter Probleme der Theorie-Praxis-Einheit. Diese Probleme kann man auf zweierlei Weise lösen: einmal mit der Versuchs-Irrtum-Methode; mit ihr haben die Menschen viele Hunderttausende, vielleicht mehrere Millionen Jahre überlebt. Und zweitens kann man sie durch den Aufbau eines Reflexionssystems zu lösen versuchen, das Lösungsangebote für konkrete Probleme unterbreitet. Nun vertritt die Theologie mehr oder weniger die »reine Lehre«, worunter ich ein System verstehe, das sich im Laufe der Jahrhunderte aufgebaut hat, nicht um konkrete religiöse Probleme zu lösen, sondern aus rein immanentem Interesse. Das nennt man auf Hochdeutsch »Neugier«. Wenn sich Theologie zu einer Wissenschaft zurückbesinnen könnte, die sie vermutlich einmal war, da sie sich an bestimmten religiösen Fragen entwickelte, etwa der, ob ein Mensch, der vom Glauben abgefallen ist, wieder zum Glauben zurückgeführt werden soll, müßten wir versuchen, sie so zu orientieren, daß sie konkrete religiöse Probleme konkreter gläubiger Menschen löst. Würde sie dies tun und von daher auch ihre wesentliche Berechtigung nehmen – und auch die ihrer Sprache – stände sie ganz gut da. Aber genau das tut sie im allgemeinen nicht.

Wir müssen also sehr wohl unterscheiden zwischen konkreter Religiosität und Theologie. Diese beiden Dinge sind voneinander abgelöst, und zwar derart, daß jemand ein perfektes System von Theologie entwickeln und dabei vollkommener Atheist sein könnte. Hat die Theologie hingegen den Auftrag, konkrete religiöse Probleme konkreter religiöser Menschen zu lösen, können ihre Vertreter dies nur als religiöse Menschen, d.h. sie müssen diese Probleme in irgendeiner Weise an sich selbst erfahren und verstanden haben.

Ich will nicht behaupten, daß Theologie verloren ist und endgültig versagt hat. Aber wenn Sie mich fragen, ob es einen Dialog zwischen Theologie und Profanwissenschaft gibt, muß ich Ihnen darauf antworten: Im Augenblick nicht. Und es wird ihn so lange nicht geben, wie das Interesse der Theologie ein Neugierverhalten ist, das sich zum Beispiel auf Spekulationen über innertrinitarische Relationen beschränkt oder auch auf das Herausfinden von Ketzern, die gegen irgendein Dogma irgend etwas gesagt haben. Wenn sie ihre Zeit damit vertut, Ketzer aufzuspüren, wird sie für den Dialog uninteressant. Da werden die Ketzer interessant.

*Frage:* Wo läuft die Grenze zwischen Häresie und Ketzerei?

*Lay:* »Häresie« ist ein Urteil einer Institution über einen konkreten Menschen oder eine konkrete Gruppe von Menschen. Häretiker sind Leute, die noch fähig und bereit sind, Neues zu denken. Wenn Sie die ursprüngliche Bedeutung des griechischen Wortes Heresis nehmen, sind die Begriffe Häresie und Ketzerei einander nahe. Losgelöst aber von der Etymologie der Worte und beurteilt nach ihrem Effekt, sind Häretiker institutionalisierte Ketzer, d. h. sie werden von der Institution zur Gegeninstitution ernannt.

*Frage:* Sie führen den Beginn der ketzerischen Bewegung in Europa auf die Mitte des 13. Jahrhunderts und damit auf den Beginn der Emanzipation des wissenschaftlichen Denkens vom kirchlichen Denken zurück. Seither sind Kirche und Wissenschaft getrennte Wege gegangen. Welche Perspektiven sehen Sie für das zukünftige Verhältnis von Kirche und Wissenschaft?

*Lay:* Es gibt zwei Kategorien von Ketzern. Da sind zunächst einmal die klassischen Ketzer, die gegen irgendwelche Dogmen gedacht haben. Immer hat die Kirche versucht, sich selbst, ihr ideologisches Zentrum dadurch festzumachen, daß sie andere Leute zu Ketzern erklärte. Das geht auch gar nicht anders: denn im Zentrum kann nur sein, wer eine Peripherie hat. Ein Mittelpunkt kann sich nicht als Kreis behaupten, es sei denn, es gäbe eine Peripherie dazu. Über diesen Mechanismus ideologisch gegründeter Gesellschaften ist auch die Kirche zu dem geworden, was sie heute ist. Sie hat immer klar gesagt, wo sich das ideologische Zentrum befindet, indem sie sich gegen Ketzer abgrenzte. Fast alle Dogmen, die die katholische Kirche verkündet hat, sind aus dem Mechanismus der Abgrenzungsstrategie gegen die Peripherie entstanden. Sie sind auch nicht etwa in sich positiv, sondern zum größten Teil negativ formuliert.

Was nun die zweite Kategorie von Ketzern betrifft, so handelt es sich bei ihnen um Menschen, die religiöse Fragen profan beantwortet und dadurch den Kern der Frage als profan entlarvt haben. Bei Roger Bacon begann die Sache, soweit ich das überblicken kann, mit der Einsicht, daß nicht die Offenbarung primäre Quelle wahrer Erkenntnis ist, sondern das Experiment. In der Mitte des 13. Jahrhunderts war es eine immerhin beachtliche Einsicht, daß man nur, wenn man experimentierte und die Natur betrachte, Wahrheit erkennen könne, nicht aber dadurch, daß man sich irgendwelchen Autoritäten unterwerfe. Bacon hat diese zumindest damals theologische Frage profan beantwortet und sie dadurch in ihrer theologischen Relevanz bedeutungslos gemacht. Nicht, daß sie für die Theologen bedeutungslos geworden wäre, aber für alle anderen Menschen, die ins kritische Denken hineingegangen sind, war sie unbedeutend geworden. Damit war zugleich der Grundstein gelegt, daß Menschen, die es zu ihrem Beruf und zu ihrem Interesse gemacht hatten, wahre Erkenntnisse über Beobachtung oder Erfahrung oder gar über das Experiment zu finden, sich jetzt in Widerstand und Widerstreit mit der Kirche wiederfanden, die die Autorität des sich in ihr offenbarenden Gottes als Kriterium der Wahrheit für sich beanspruchte. Diese Entwicklung reicht von Roger Bacon über Galileo Galilei und Charles Darwin bis hin zu Sigmund Freud und Pierre Teilhard de Chardin.

*Frage:* Was aber veranlaßt Sie zu der ziemlich pessimistischen Annahme, Teilhard de Chardin könnte der vielleicht letzte große Ketzer der katholischen Kirche gewesen sein?

*Lay:* Im Gegenteil: das ist eine sehr optimistische Annahme. Ich bin der Auffassung, daß Teilhard de Chardin etwas sehr Revolutionäres vollbracht hat, insofern er profane Fragen religiös zu beantworten suchte. Er erkannte, daß profane Fragen mit ihren Antworten letztlich religiöser Natur sind. Seine Leistung bestand vor allem darin, die Wortoffenbarung als Korrektur und Ergänzung akzeptiert und damit die Schöpfungsoffenbarung wieder ernst genommen zu haben. In dem Augenblick, in dem jemand die Schöpfungsoffenbarung ernst nimmt, ist der Bereich des Religiösen auf alle diese Zonen geweitet, die die Ketzer, von denen ich hier spreche, gleichsam entsakralisiert, das heißt aus dem Religiösen herausgenommen hatten.

Wir müssen uns hier an ein sehr wichtiges Datum erinnern: Im Jahre 1231 begannen Theologen und Philosophen gegen das ausdrückliche Verbot des Papstes in Rom, die naturwissenschaftlichen Schriften des Aristoteles vorzutragen und zu kommentieren. Die Naturwissenschaften sind also von Anfang an Profanwissenschaften gewesen und im Ungehorsam entstanden; vielleicht wurden sie erst durch den ihnen aufgesetzten Ungehorsam profan. Sie wissen darum und verhalten sich auch bis zum heutigen Tage als ungehorsame Kinder.

*Frage:* Bedeutet Ketzertum darüber hinaus ein permanentes In-Zweifel-Ziehen des vermeintlichen Wahrheitsgehalts oder der Gültigkeit jeweils gewonnener Erkenntnisse?

*Lay:* Als gültig angenommene Erkenntnisse brauchen nicht wahr zu sein. Das ptolemäische Weltbild war rund 2000 Jahre als gültig angenommen worden, und es war nicht wahr. Die Newtonsche Gravitationstheorie war sogar zur ideologischen Grundlage eines ganzen Weltbildes gemacht worden, wodurch sie nicht wahrer wurde. Heute wissen wir, daß sie in wesentlichen Teilen falsch oder sogar eine ausgesprochen kuriose Theorie ist. Ich weiß nicht, ob sie mich nach Wahrheit oder nach Gültigkeit fragen...

*Frage:* Nach Wahrheit.

*Lay:* Dann gehe ich davon aus, daß Sie Wahrheit klassisch aristotelisch definieren: nämlich Qualität einer Aussage, die sagt, was ist. So gesehen gibt es allerdings kaum wahre, nichttriviale Aussagen, denn alle unsere Erfahrungen sind schon immer durch unsere Erklärungen präformiert und auch nur im Horizont möglicher Erklärungen denkbar. Erklärungen selbst aber sind niemals wahr, sondern prinzipiell durch andere Erklärungen austauschbar. Wir haben nur einen einzigen möglichen Zugang zur Welt an sich, über die wir doch im Regelfall beanspruchen, wahre Aussagen zu machen, und dieser Zugang besteht darin, daß wir, wenn wir auf Grund unserer Erklärungen, die wir über die Welt abgeben, Handlungen tätigen, in der Welt auf Widerstand stoßen können. Die Widerstandserfahrung der konkreten, realen Welt ist die einzige objektive Realitätsbegegnung, zu der wir fähig sind. Alles andere hat mit objektiver Wahrheit nichts zu tun.

Wenn sich nun aus dem Bereich der unmittelbaren Erfahrungserklärungen, die selbst schon nicht mehr wahr, sondern austauschbar wie die ptolemäische oder die kopernikanische Theorie und prinzipiell überholbar sind – was durch die Newtonsche Gravitationstheorie oder die Einsteinsche Relativitätstheorie betätigt wird –, wenn wir also von den Erfahrungserklärungen fortgehen in den Bereich der großen, sinngebenden Theorien und Ideologien oder in den der Religionen, stellen wir fest, daß diese allenfalls auf Erlebnisrelationen aufbauen, aber keine Wahrheitsrelationen in bezug auf die konkrete Welt bieten. Wir können folglich nur sagen: Durch die Annahme einer solchen Theorie oder Ideologie wird ein Mensch fähig, in der konkreten Welt – der physischen, psychischen und sozialen Welt – gesund zu überleben. Aber mehr können wir nicht sagen. Das ist der eine Aspekt.

Der andere Aspekt ist folgender: Solange wir im Bereich des sogenannten objektiven Verständnisses bleiben, können wir natürlich subjektiv formulieren. Wir können zum Beispiel sagen: Ich glaube, daß Jesus Christus Gottes Sohn ist. Wenn ich das tatsächlich glaube, dann ist das eine wahre Aussage. Allerdings bekommt diese wahre Aussage durch das »ich glaube« eine zusätzliche Qualität, die sie nicht in den Anspruch absoluter objektiver Wahrheit entläßt.

*Frage:* Um christlich bleiben zu können, so heißt es einmal bei Ihnen, produziere das Christentum seine Ketzer. Folgt daraus, daß die christliche Kirche von dem Augenblick ab, wo sie keine Ketzer mehr hervorbrächte, zum Absterben verurteilt wäre?

*Lay:* Wie jede primär ideologisch gegründete Gesellschaft würde die Kirche in diesem Fall einen Identitätskollaps oder einen Kulturschock erleiden. Sie könnte nicht mehr ihre Sicherheit in der Abgrenzung gegen die Peripherie finden. In die Kirche würden – wie sich das nach dem Zweiten Vatikan Konzil gezeigt hat – ein Fülle von neuen Identifikationsangeboten einströmen, die sich in der kulturellen Auseinandersetzung, zumindest im Augenblick, als die erfolgreicheren erweisen.

Wir leben gegenwärtig in einer Phase, die in der Hauptsache nicht von biologischen Entwicklungen, sondern von Bewußtseinsentwicklungen, die sich als soziale und kulturelle Wandlungen darstellen, bestimmt wird. Das heißt: unser »Fortschritt« vollzieht sich im sozialen und kulturellen Bereich, nicht im biologischen Feld. Ob aber die Kirche nach einer echten Konfrontation mit einem sozial und/oder kulturell erfolgreicheren Weltbild in ihrer heutigen Organisationsform noch weiterbestehen könnte, wage ich zu bezweifeln. Im Gegensatz dazu halte ich es durchaus für möglich, daß die Rückbesinnung auf die Jesusbotschaft im Zuge einer Neuorientierung nach einem solchen Kulturschock oder seiner Verarbeitung wieder zu einer neuen, auch kirchlich organisierten Form von Religiosität führen könnte.

*Frage:* Ich möchte hier noch einmal kurz auf den Mechanismus der Produktion von Ketzern zurückkommen. Dieser Mechanismus trifft doch auch, vielleicht sogar in noch stärkerem Maße auf profane Glaubensgemeinschaften zu, etwa die sozialistische Bewegung...

*Lay:* Ja, sicher. Wenn der Marxismus oder der Liberalismus keine Ketzer mehr hätten, würden sie innerhalb kurzer Zeit zugrundegehen. Man braucht sich nur einmal die Geschichte des frühen, von Marx dann weitgehend präformierten oder korrumpierten »Bundes der Kommunisten« in London anzusehen. Dieser Bund setzte sich in der Hauptsache aus geflohenen deutschen Handwerkern zusammen, die in den 30er Jahren des vorigen Jahrhunderts – also noch vor der Revolution von 1848 – nach England gekommen waren, um sich hier politisch betätigen zu können. Eine wichtige Figur des Bundes war Wilhelm Weitling, ein katholischer Schneidergeselle. Marx hat systematisch die Identität des »Bundes der Kommunisten« durch die permanente Produktion von Ketzern aufrechterhalten. Der Bakunin-Streit, um nur ein Beispiel zu nennen, war praktisch aus dem eindeutigen Abgrenzungsbemühen heraus entstanden, die Identität des Marxismus zu sichern und klarer zu formulieren.

Die einzige Religion, bei der ich nicht sicher bin, ob sie ihre Identität über den Mechanismus der Abgrenzung findet, ist der Hinduismus oder der noch ältere Brahmanismus. Der ist so tolerant, daß er keine Ketzer kennt. Er ist andererseits aber auch keine sich dogmatisch darstellende Religion wie das Christentum.

*Frage:* Herr Professor Lay, könnten Sie Ihre für mich einigermaßen provokante These, nach welcher der Kapitalismus nicht zufällig im christlichen Denkraum als eine Organisationsform entstanden ist, der eine Interaktion zugrunde liegt, die Egoismus und Feindschaft verursacht, etwas näher erläutern?

*Lay:* Dafür gibt es zwei Gründe. Der eine Grund ist der, daß das Christentum in Europa nie inkulturiert worden ist; es hat lediglich Riten, Dogmen und Recht übernommen bzw. entwickelt. Die konkrete Moralität konkreter Menschen wurde zwar von christlichen Normen her beurteilt – also durch das kollektive Gewissen, das Über-Ich, wie wir es psychologisch nennen –, aber nicht durch eine christliche Sittlichkeit. Diesen historischen Umstand muß man sich zunächst einmal bewußt machen, um zu verstehen, daß die meisten Europäer im konkreten Gewissensbereich nie Christen gewesen sind. Hier waren es immer nur einige wenige, die wir dann als Heilige verehren. Mit anderen Worten: Christentum ist in Europa nie zu einer wirklichen sittlichen Größe geworden, sondern immer eine Soll-Größe geblieben, die sich in Überichansprüchen artikuliert. Nur dadurch konnte etwas so radikal Unchristliches wie der Kapitalismus entstehen, dessen unchristliche Ansprüche in Egoismus und Feindschaft, in der aggressiven Form des Konkurrierens zum Ausdruck kommen.

Der zweite Grund war sicher die Renaissance. Das sogenannte christliche Mittelalter ging aus von der Gleichursprünglichkeit von Individualität und Sozialität. Die Reduktion dessen, was menschliches Personsein bedeutet auf die reine Individualität, und damit gleichzeitig die Entlassung der Sozialität aus dem Personenbegriff, führt dazu, daß ein Mensch, der sich ausschließlich von seiner Individualität her versteht, sich natürlich gegen Sozialität abgrenzt und seine individuellen Interessen gegen soziale durchsetzt. Inzwischen ist die eigenartige These, wonach das Streben nach individuellem Nutzen zugleich den größten sozialen Nutzen hervorbringt, hinreichend falsifiziert worden. Wenn wir mit unserem individuellen oder unserem Gruppenegoismus in der bisherigen Weise fortfahren, werden wir sehr bald unsere Wirtschaft, ja unsere politischen Systeme an den Rand des Untergangs führen.

Es ist für mich erfreulich festzustellen, daß für viele junge Menschen heute wieder die Gleichursprünglichkeit und Gleichgewichtigkeit von Individualität und Sozialität bei der Bemühung um personale Selbstdefinition deutlich wird.

*Frage:* Obwohl der Kapitalismus, Ihrer Auffassung nach, eine antichristliche Ordnung darstellt, und Sie eine Kirche und Theologie kritisieren, durch die »ein wesentlich unchristliches sozio-ökonomisches System praktisch aufrechterhalten wird«, muß man doch sehen, daß das heutige System eines demokratischen, das heißt mehrheitlich getragenen Kapitalismus unsere individuelle und politische Freiheit garantiert...

*Lay:* Sie gebrauchen hier merkwürdige Worte. Nach unserem Grundgesetz sind wir eine parlamentarische Demokratie. Parlamentarische Demokratie setzt voraus, daß jeder Abgeordnete nur seinem Gewissen verantwortlich ist. Diese Demokratie besteht in der Bundesrepublik Deutschland nicht. Die Abgeordneten sind fast ausschließlich den Fraktionsüberzeugungen verantwortlich. Es existiert so etwas wie ein imperatives Mandat gegenüber der Fraktionsmehrheit. Tatsächlich werden doch in den Partei- und Fraktionsgremien mehr oder weniger nachdrücklich Zwänge auf die Abgeordneten ausgeübt, so daß diese gegen ihr Gewissen entscheiden müssen. Das ist unsittlich und vom christlichen Standpunkt aus nicht zu verantworten. Und eben deshalb ist diese Form der Demokratie, wie wir sie im Augenblick praktizieren, für Christen kaum akzeptabel. Was wir haben, ist ein Mittelding zwischen einer Parteien- und einer Kabinettsdemokratie. Nun wäre die Parteiendemokratie an und für sich tragbar, wenn es eine innerparteiliche Demokratie gäbe, die es aber, wie gesagt, nicht gibt. So stehen wir vor einer Pseudostruktur von Demokratie. Unser Parlament ist in wichtigen Fällen zu einem Ratifizierungsorgan von Partei- und Kabinettsbeschlüssen geworden. Ein solches System demokratisch zu nennen, finde ich kurios. Wir müßten – wenn wir uns auch von der christlichen Lehre her neu besinnen wollen – wieder zurückgehen auf den Grundsatz des Grundgesetzes, der besagt, daß jeder Abgeordnete ausschließlich seinem eigenen Gewissen verantwortlich ist.

Dieses System ist aber auch noch wegen anderer erheblicher Verschiebungen aus christlicher Sicht nicht akzeptabel. Nach unserem Grundgesetz gilt die Würde des Menschen als höchstes zu schützendes Rechtsgut. In Wirklichkeit ist aber – nach dem gegenwärtigen Selbstverständnis unserer Demokratie – die freiheitlich-demokratische Grundordnung höchstes zu schützendes Rechtsgut. Diese Verschiebung zielt in die Richtung eines faschistoiden Verständnisses von Demokratie. Denn Faschismus bedeutet, daß der Staat sich selbst als höchstes zu schützendes Rechtsgut betrachtet – und nicht die Würde des Menschen. Es scheint doch so, als ob alle Gewalt vom Staate ausginge. Das aber hat mit Demokratie nichts zu tun. Ich habe also bei den Worten »unsere Demokratie« ein etwas eigentümliches Gefühl und einen schalen Geschmack im Mund. Wenn Sie allerdings meinen, daß die bestehende ökonomische Situation diese »Demokratie« stützt, dann haben Sie sicher recht.

*Frage:* Besorgt macht mich in diesem Zusammenhang Ihre Folgerung aus der jetzt so opportunen »Politischen Theologie«, wenn es bei Ihnen heißt: »Der Rigorismus der Ketzer mag im Terrorismus enden, das macht ihn doch nicht verdammenswert.« Kann das Wesen ketzerischer Theologie, ketzerischen Denkens im gewaltsamen Aktionismus liegen? Wird nicht allein dadurch die christliche Botschaft der Liebe, der Gewaltfreiheit pervertiert und in ihr Gegenteil verkehrt?

*Lay:* Das Problem, das Sie hier ansprechen, ist eines, das schon höchste Gewissensnot bei Christen hervorgerufen hat. Denken Sie nur an die Männer des 20. Juli 1944, die in vielen Fällen jahrelang miteinander und mit sich selbst gerungen haben, ob es erlaubt sei, einen Tyrannen zu töten, und die nach vielen Kämpfen zu dem Ergebnis gekommen sind: Es gibt Situationen, in denen dies erlaubt ist, nämlich dann, wenn anderes großes Unheil nicht abgewendet werden kann. Es liegt mir fern, Menschen, die auf Grund einer solchen Verantwortung zur Gewalt gegriffen haben, zu verurteilen. Ich kann auch verstehen, wenn es junge Menschen gibt, die in unserem sozio-ökonomischen System einen ähnlichen Kollektivtyrannen erblicken, wie ihn die Männer des 20. Juli in Adolf Hitler und seinen Genossen vom harten Kern der

NSDAP gesehen haben. Die Frage stellt sich also, ob nicht auch junge Menschen unruhigen Gewissens ein Recht dazu haben, nach gründlicher Gewissensprüfung und hoher Gewissensnot zur Anwendung von Gewalt, auch gegenüber Menschen, zu greifen, wie das die Männer des 20. Juli für sich in Anspruch nahmen.

Ich hatte mehrmals Gelegenheit, mit Terroristen zu sprechen. Ethische Terroristen – und hier meine ich jetzt den Linksterrorismus in der Bundesrepublik, vor allem die »Linksterroristen« der ersten Generation – sind sehr verantwortet an ihre Aktionen herangegangen. Für mich ist ihre Sache nicht akzeptabel, weil, meiner Überzeugung nach, ein wesentlicher Teil ihrer Analysen nicht stimmt, insbesondere aber, weil der mögliche Weg des Transformismus unserer Gesellschaft keineswegs ausgeschöpft ist. Ich halte es für möglich, daß wir prinzipiell andere Chancen haben, um die nichthumanen und unhumanen Strukturen unseres sozioökonomischen politischen Systems zu überwinden oder zu transformieren.

*Frage:* Herr Professor Lay, gegen Schluß Ihres Buches »Die Ketzer« heißt es, »daß wir kein Recht haben, unsere europäische Theologie zu exportieren«. Worin unterscheidet sich denn die europäische Theologie von den christlichen Theologien anderer Kontinente?

*Lay:* Das läßt sich relativ einfach beantworten. Alle menschlichen Wissenschaften handeln von Bildern, die wir von den Sachen haben – nicht über die Sachen selbst. Wenn alle Wissenschaften nur über Bilder handeln, müssen wir uns darüber im klaren sein, daß auch die Theologien nicht von Gott »an sich« handelt, sondern über Gottesbilder. Ich vermute, daß es keinen Theologen gibt, der das ernsthaft bezweifeln würde. Welcher Theologe würde behaupten, seine Theologie handle von Gott »an sich«? Sie handelt immer über konkrete Gottesbilder. Konkrete Gottesbilder aber sind abhängig von bestimmten sozio-kulturellen und individuellen Vorgaben konkreter Menschen und können niemals verpflichtend gemacht werden.

*Frage:* Welche Strömungen oder Bewegungen unserer Zeit würden Sie als die in Ihrem Sinne ketzerischen definieren und welche Chancen räumen Sie ihnen für die Zukunft ein?

*Lay:* Wie ich schon sagte, ist all das ketzerisch, mit dem sich das ideologische Zentrum, im Fall der katholischen Kirche, Rom, nicht identifizieren kann oder glaubt, sich nicht identifizieren zu können. Dazu gehört im Augenblick die »Politische Theologie«, insofern sie im christlichen Leben einen politischen Auftrag sieht, der in der Christusbotschaft begründet ist. Bekanntlich verbietet es die jetzige offizielle Kirche ihren Priestern, Mitglied von Gewerkschaften oder politischen Parteien zu werden. Sie will den Jesusauftrag entpolitisiert halten. Die Ketzerei besteht nun darin, daß man diese Strategie nicht mitmacht, daß man sagt, der Jesusauftrag impliziert unmittelbares politisches Engagement, nicht nur mahnendes Wort, sondern auch politische Handlung.

Welche Chancen gibt es nun? Ich gehe einmal davon aus, daß die europäische Kirche nicht zugrundegehen wird. Dann wird sie das tun, was sie bisher immer getan hat, nämlich erst Leute nach draußen stellen und langsam wieder etwas von ihnen in sich hineinlassen. So ist sie im Falle Luthers und bei vielen anderen vorgegangen. Sie hat sich auf dem Konzil in Trient zunächst sehr hart gegen die Reformatoren abgegrenzt, im Lauf der folgenden Jahrhunderte aber eine Fülle von einzelnen Inhalten in sich hineingelassen.

Wenn die Kirche jetzt noch zureichend lebendig sein sollte, diese Erfahrung der Geschichte zu erneuern, wird sie zwar stets in gewisser Hinsicht reaktionär oder zumindest konservativ sein, aber sie wird am Leben bleiben. Gelingt ihr das nicht, wird sie nicht am Leben bleiben. Dann wird das Zentrum des Christentums etwa nach Süd- oder Mittelamerika abwandern, gleichgültig wo auch immer der juristische Sitz des ideologischen Zentrums sein mag.

# Verständigungsschwierigkeiten in der modernen Gesellschaft

## *1. Sinnvolle Kommunikation ist abhanden gekommen*

Die Arbeit der Elektrizitätswirtschaft stößt heute auf mancherlei Widerstände, und die Mitarbeiter dieses Wirtschaftszweiges stehen heute an einer Front, die zu verteidigen es sich lohnt. Ihre Arbeit ist wichtig für den Bestand nicht nur unserer politischen und ökonomischen, sondern auch unserer sozialen und kulturellen Ordnung. Jeder an seinem Platz verfügt über ein Stück menschlicher Zukunft.

Bislang bin ich Ihrer Arbeit in einigen Varianten begegnet. Einmal natürlich über die Presse, dann auch in Analysen von Protokollen von atomrechtlichen Anhörungsverfahren, gelegentlich aber auch in Interviews, die von Vertretern von Elektrizitätsunternehmen zum Thema Energieproduktion und Energiedistribution gegeben worden sind.

In solchen Veranstaltungen begegnen sich zwei Welten, zwei Bereiche von Normen, von Werten, auch von Vorurteilen. In deren Widerspruch begegnen wir einer massiven Veränderung des allgemeinen Bewußtseins, das sich mit unserem – speziellen – Bewußtsein sehr oft als nicht verträglich erweist.

Ein Grund für solche Unverträglichkeit dürften andere erkenntnisleitende Interessen sein. Wer an einem atomrechtlichen Anhörungsverfahren als Einwender teilnimmt, hat selbstverständlich andere Interessen als der, der als Vertreter des Antragsstellers auftritt. Doch es ist nicht nur diese situationale Bindung divergierender erkenntnisleitender Interessen, die dazu führt, daß sich hier zwei Welten begegnen, die kaum etwas oder nur sehr schwer etwas miteinander zu tun haben.

Wir stehen heute in einem merkwürdigen Zwischenfeld: Im

Zeitalter der Information ist uns die sinnvolle Kommunikation abhanden gekommen. Es stellt sich die Frage, ob nicht ein gewisser Zusammenhang besteht, zwischen einem Übermaß an Information, einer Optimierung der Informationsströme auf der einen Seite und der Begrenzung und Beschränkung der kommunikativen Performanz, der kommunikativen Möglichkeiten von Menschen auf der anderen Seite.

### *1.1 Verlorene Kultur*

Es gibt so etwas wie einen Kulturverlust. Diesen Verlust an kulturellen Möglichkeiten haben wir nicht erst in den letzten 50 oder 100 Jahren im Bereich des europäischen Denkens erfahren können, sondern er geht in vielem zurück auf jene Zeit, von der her wir viele unserer geistigen Möglichkeiten, unsere Denkschemata, unsere Selbstverständlichkeiten herleiten, nämlich auf die Renaissance.

Von der römischen Kaiserzeit bis hin zur Renaissance war die Beherrschung der Dialektik nicht eine Kunst des Informationstransfers, sondern eine der Vermehrung der kommunikativen Performanz, wesentliches Bildungziel aller Schulen. Es konnte ohne drei- bis vierjährige dialektische Ausbildung, seit in Rom etwa um 50 nach Christus die Schulpflicht eingeführt wurde bis hin zur Renaissance, niemand ein Staatsamt oder eine akademische Funktion ausüben. Heute glauben wir, weil wir die Techniken der Informationsverarbeitung beherrschen, würden wir auch die Techniken der Kommunikation beherrschen. Das ist nicht so, wie ich versuchen werde zu zeigen.

Der Verlust an kommunikativer Kompetenz hat sicher zum ersten einen Grund in verlorener Kultur.

### *1.2 Öffentliches Leben führt zum Verlust der Geborgenheit*

Zum zweiten aber führt auch die gesellschaftliche Situation Menschen dazu, sich aus dem kommunikativen Kontext der Großgesellschaft zu entlassen, obwohl sie im informativen Kontext noch dazugehören. Welche Erfahrungen können Menschen dazu bringen, sich aus dem kommunikativen Kontext zu entlassen, obwohl doch zu vermuten steht, daß das allgemeine Bewußtsein durch die Gleichartigkeit der Information, die allen Menschen zugeliefert wird, ganz ähnlich sein wird. Was also bringt Menschen dazu, sich aus dem Kontext der universellen Kommunikation zu entlassen?

Erstens ist für sehr viele Menschen das öffentliche Leben ein Leben in Entborgenheit. Menschen, die öffentlich leben, gehen aus dem Schoß der Geborgenheit, die Freundschaft und Familie schenken können, hinaus in die Entborgenheit, aus dem Bereich des Friedens in den Bereich des Kampfes, aus dem Bereich des Verstehens, des Angenommenseins in den Bereich der Konkurrenz und des Mißverstehens.

Das Geborgensein ist zur Privatsache geworden, es geschieht im Freundeskreis, im Verein, in der Familie, unter Kollegen vielleicht noch.

### *1.3 Die funktionale Betrachtung des Menschen*

Ein zweites, das Menschen veranlaßt, aus dem Kommunikationskontext der Großgesellschaft auszuscheiden, mag in der Tatsache gründen, daß in Großgesellschaften personale Betrachtungsweisen durch funktionale abgelöst wurden. Im Rahmen einer Großgesellschaft fragt sich der Führende, durchaus in unserem nationalökonomischen oder politischen Kontext zu Recht, was für eine Funktion dieser Mitarbeiter mit diesen seinen Begabungen optimal ausfüllen wird. Eine funktionale Betrachtung des Menschen herrscht nicht nur in ökonomischen Gebilden, sondern auch in politischen, in kulturellen oder auch sozialen. (Wenn Sie einmal in die Großkirchen hineinschauen, werden Ihnen ganz ähnliche Funktionalisierungen der Person begegnen wie im modernen Unternehmen.)

Schließlich wird ein Mensch sich selbst vorwiegend funktional verstehen. Er wird sich sagen, ich bin nur ein Rädchen im großen Getriebe. Ein Mensch, der beginnt, sich selbst funktional zu verstehen, wird einen guten Teil seines Menschseins verlieren. Er wird im funktionalen Bereich die Identität zwischen Information und Kommunikation herstellen. Er wird im privaten trachten, »Mensch« zu bleiben.

In diesem privaten Bereich wird er versuchen, seine kommunikativen Fertigkeiten zu entfalten und damit seine emotionalen und sozialen Bedürfnisse zu befriedigen.

In einer Welt der Leistung und Funktionstüchtigkeit, die die einzelnen Personen mit ihren Bedürfnissen, Hoffnungen, Sehnsüchten, Ängsten und Verletzlichkeiten nicht mehr wahrnimmt, sondern alles Personale eher als Störgröße sieht, in einer solchen Welt scheren Menschen zunehmend aus der universellen Kommunikationsgemeinschaft aus und beginnen den Aufbau von privaten, gegen die universellen Informationsgemeinschaften und ihren Ansprüchen orientierten Interaktionsgemeinschaften.

### *1.4 Selbstdefinition des Menschen durch das HABEN*

Ein drittes Symptom, warum sich Menschen in konkreter Gesellschaft nicht wohl fühlen: Die Zugehörigkeit zur konkreten Gesellschaft beantwortet in aller Regel nicht die Frage: »Wer bin ich?«. Sie ermöglicht es uns nicht, uns selbst zu definieren, es sei denn, wir versuchen eine Selbstdefinition, die uns selbst entwirklicht, über das Haben. Wir *haben* Erfolg. Wir *haben* materielles Eigentum, wir *haben* intellektuellen Besitz, wir *haben* Wahrheit, wir *haben* sozialen Besitz. Von dem Augenblick an, in dem wir uns vom Haben zu definieren beginnen, sind wir in unserem Selbstbesitz extrem gefährdet, denn Haben ist stets gefährdet und kann jederzeit enden.

Die Angst vor dem Verlust des Gehabten wird zur Angst vor dem Selbstverlust. Diese Angst erlaubt es vielen Menschen nicht, sich in der konkreten Makrogesellschaft wohlzufühlen. Sie beginnen den Aufbau von Substrukturen, oft von Subkulturen, mit oft sehr wenigen Mitgliedern, in denen sie eigene, sie befriedigende Kommunikationsmuster auf- und ausbauen, die es ihnen erlauben, sich vom Geist des Habens wenigstens vorübergehend zu dispensieren und endlich einmal der zu sein, der sie sein möchten. Hier müssen sie sich nicht definieren vom Haben, sondern können sich selbst verstehen von dem her, der sie in dieser kleinen, überschaubaren Kommunikationsgemeinschaft sind.

### *1.5 Ohnmachtsgefühle gegenüber gesellschaftlichen Prozessen*

Eine vierte Erfahrung, die Menschen dazu führt, sich aus dem großen Kommunikationsverband der Makrogesellschaften zu entlassen, ist die Erfahrung der Unbeeinflußbarkeit gesellschaftlicher Prozesse durch den einzelnen. Viele Menschen kennen das Gefühl einer radikalen und fast totalen Ohnmacht, des Ausgeliefertseins und der Alternativlosigkeit zum Mitmachen. Entweder mache ich mit, oder ich gehe kaputt, oder ich muß aussteigen. Das scheinen die Alternativen zu sein. Das Mitmachen ist nicht selten nichts anderes als ein Zeichen des ohnmächtigen Ausgeliefertseins und der Angst vor der Verbannung, der Isolation.

Hiermit ist eng verbunden die Ohnmacht des Sittlichen. Nur

wenige Menschen können in einem Großsystem die ihnen zur Verfügung stehende Ethik realisieren. Ich will nicht sagen, daß das, was uns an Ethik zur Verfügung steht, überwältigend ist. Konkrete Ethik hängt sehr von dem konkreten Individuum, seiner Vergangenheit, seiner Haltung zur Zukunft, seinem Umgang mit sich selbst, mit Gesellschaft, mit Situationen ab. Wir finden uns oftmals in einer Situation, in der nicht sittliche Entscheidung eingefordert ist, sondern technisch optimale. Und es gibt nur *eine* technisch-optimale Entscheidung, die durch politische oder ökonomische Umstände erzwungen sein kann, gleichwie auch immer das sittlich wertende Urteil sich entscheiden mag. Ein Sieg der Funktion über die Person. Der technische Zwang dispensiert von Sittlichkeit, eine funktionale Größe von einer personalen. Diese permanente Dispens von Sittlichkeit führt viele dazu, sich Freiräume zu schaffen vor den Ansprüchen dieser durch technische Rationalität und technische Zwänge geprägten Welt, indem sie sich aus ihrem Interaktionsverbund partiell entlassen und in einer kleinen privaten Welt mit eigenen kommunikativen Regeln versuchen, ihre Ethik, auch ihre sittlichen Bedürfnisse zu realisieren.

### *1.6 Was ist das Ergebnis dieser Prozesse?*

Selbst einst personale Kommunikationsgemeinschaften (Betriebe, Familien, Gewerkschaften) wandeln sich immer mehr in gesellschaftliche Systeme mit einem hohen Grad von Anonymität. Dem einzelnen tritt dann nicht der andere Mensch als Kommunikationspartner entgegen, außer er gehört zur eigenen privaten kleinen Kommunikationsgemeinschaft, sondern als Agent eines anonymen Systems. Dieses System hat nicht Personen zum Subjekt mit ihren konkreten Bedürfnissen, Emotionen, Sorgen, Nöten, Hoffnungen, Verletzlichkeiten. Das Subjekt dieser Systeme sind standardisierte Interaktionsmuster zwischen Personen, zwischen Gruppen, zwischen Gesellschaftsteilen.

Das Systemziel ist nicht an erster Stelle der Nutzen, die Humanisierung des einzelnen, die optimale Entfaltung seiner personalen Chancen im Bereich der Emotionalität, der Intellektualität, der Sozialität oder auch des Musischen. Das primäre Ziel eines Systems ist zweifelsfrei sein Selbsterhalt.

Diese Verwandlung von Kommunikationsgemeinschaften in gesellschaftliche Systeme finden wir nicht nur bei großen politischen Gebilden. Wir finden sie auch bei Parteien, Gewerkschaften, Kirchen, wir finden sie in fast jedem Unternehmen, ja gelegentlich sogar bei Familien. Das heißt dann: Selbsterhalt der konkreten Struktur ist wichtiger als das Glück und die Entfaltungsmöglichkeiten des einzelnen innerhalb des Systems. Daß Menschen das auf die Dauer nicht mitmachen, läßt sich verstehen. Das System, sei es die Familie oder das Unternehmen, sei es der Staat oder sei es die Partei, sei es die Gewerkschaft oder sei es die Kirche, seien es überstaatliche Organisationen, wie NATO oder EG, wird zum Feind.

## 2. *Die außersystemischen Reaktionen der Menschen*

Nun zur Frage, die uns zentral zu beschäftigen hat: Wie verändert sich Kommunikation beim Übergang von Kommunikationsgemeinschaften zu Systemen?

Wir alle lernten einmal Kommunikation in Kommunikationsgemeinschaften, in aller Regel in unserer Familie, mehr oder weniger gut. Seit unserem Schulbesuch sind wir langsam hineingewachsen in verschiedene systemische Ordnungen. Es hatte wenig Sinn, uns als Kindern zu sagen: »Ich liefere dir

Informationen, und diese Informationen mußt du, wenn du halbwegs vernünftig bist, auch anerkennen, es sei denn, du bist bösartig oder dumm.« Nein, das geht so nicht. Das wäre eine ausgesprochen einseitige »erwachsene« Sicht kommunikativer Prozesse. Denn es geht hier nur scheinbar primär um Informationsgabe, Informationsnahme und Informationsverarbeitung, sondern um ganz andere Inhalte.

Die Verwechslung von Informationsgabe, -nahme und -verarbeitung mit Kommunikation wäre fahrlässig. Sie zeigt von einer social performance ist in unmittelbarer Nähe von Null, wie noch zu zeigen ist (2.3).

Menschen reagieren in solchen systemischen Gebilden etwa wie folgt: Erstens versuchen sie, wie schon angedeutet, kommunikative Zellen zu bilden, in denen personale Entfaltung (Entfaltung der emotionalen, der intellektuellen, der musischen oder sozialen Begabungen) möglich wird.

### *2.1.1 Entstehung neuer »Welten«*

Sie versuchen das in kommunikativen Kleingruppen. Sie bauen eigene Welten auf. Kleingruppen sind also nicht nur irgendein Hort. Eine Kommunikationsgemeinschaft ist vielmehr eine eigene Welt, mit eigenen Werten, eigenen Normen, eigenen Vorurteilen. Nicht zufällig lautet einer der meistzitierten Sätze L. Wittgensteins: »Die Grenzen meiner Sprache bedeuten die Grenzen meiner Welt.« Wenn ich eine eigene Sprache aufbaue, baue ich auch eine eigene Welt auf. Und diese Welt hat mit den anderen Welten zunächst einmal nichts zu tun. Diese – kleine – Welt hat die Tendenz, mit jener anderen Welt in Konkurrenz zu treten. Ich kann leichter ertragen, daß die große Welt, die systemische Welt, Schaden leidet, als meine private, kleine Welt, definiert durch die Interaktionen innerhalb einer Kommunikationsgemeinschaft, in denen ich mich personal realisieren kann. Kommunikative Zellen sind also eigene, vom üblichen Standard abweichende Welten. Sie stimmen nicht überein mit der mit statistischen Methoden definierten Wirklichkeit.

Wir täten übrigens gut daran, die angelsächsische Unterscheidung zwischen Reality und Actuality zu übernehmen. Realität und Wirklichkeit ist nun einmal nicht dasselbe. Realität ist das durch die Menge aller wahren Aussagen Bezeichnete. Wirklichkeit ist das, was wirkt, das ist die Menge der Überzeugungen, die ein Mensch oder eine Gruppe oder eine Gesellschaft hat in konkreten Lebenswelten. So bedeutet der Aufbau einer kommunikativen Zelle auch den Aufbau einer eigenen Wirklichkeit.

Fast alle Menschen, die nicht diese Differenz zwischen Wirlichkeit und Realität realisiert haben, neigen dazu, ihre Wirklichkeit für Realität zu halten. Die triviale Unterscheidung des Sokrates von Realität und Wirklichkeit, von Wahrheit und Gewißheit stand am Anfang aller Dialektik, ja auch am Anfang aller kritisch-sozialen Kompetenz, die Menschen entwickelten. Die Unterscheidung von Wahrheit und Gewißheit muß auch heute wieder zu einem zentralen Bildungsthema werden, obwohl alle Politiker, fast alle Leute der Kirche, die meisten Leute der Wirtschaft versuchen, diesen Unterschied zu verwischen, wenn er ihnen überhaupt geläufig sein sollte. Wahrheit auf der einen Seite ist die Qualität einer Aussage, die sagt, was ist, während Gewißheit, Sicherheit, Evidenz nichts anderes ist als ein psychischer Zustand, der mich an einer konkreten Vorstellung nicht mehr sinnvoll zweifeln läßt. Und diese beiden Dinge haben nichts miteinander zu tun.

Der Bereich der Wahrheit ist dem Bereich der Realität zuzuordnen, der Bereich der Gewißheit dem der Wirklichkeit. Wir sollten endlich anfangen, unsere Wirklichkeiten nicht für allgemein verpflichtend zu halten! Das wäre der Anfang der

Weisheit, wie Sokrates zu Recht meinte. Das ist die Basis jeder kommunikativen Kompetenz. Wenn ich diese Differenz nicht realisiere, bin ich kommunikationsuntüchtig. Denn ich werde mit den Gewißheiten des anderen und mit meinen eigenen nie sinnvoll umgehen können.

Wirklichkeit und Gewißheit aber schaffen Welt. Und so ist die Menge der Welten potentiell unendlich. Es entstehen immer neue, andere.

### *2.1.2 Worte erhalten abweichende emotionale Bedeutung*

In privaten Welten erhalten Worte notwendigerweise abweichende emotionale Bedeutungen. Wir wissen wahrscheinlich alle, daß viele Substantive, Adjektive und Verben, die wir in unseren Sprachen verwenden, außer einer semantischen eine emotionale Bedeutung haben.

Zunächst wandelt sich in einer kommunikativen Zelle die emotionale Bedeutung eines Wortes. Worte, die standardisiert eine durchaus ähnliche oder doch ausmachbare lexikalische Bedeutung haben, ändern ihre emotionale Besetzung, ohne daß die lexikalische Bedeutung sich ändert. Denken Sie etwa das Wort »Leistung«. Das wird sehr verschieden emotional besetzt, oder das Wort Konsum oder das Wort Erfolg oder Worte wie Konkurrenz, Zärtlichkeit, Mitleid, Friede, Gerechtigkeit, Emotionalität, Energie, Wohlstand, alles Worte, die, obwohl die semantische Bedeutung ganz ähnlich bleibt, ihre emotionalen Bedeutungen ständig wandeln. Und auch das ist ein Wesenszug der kommunikativen, nicht der informativen Kompetenz, daß ich um diesen Wandel weiß und zunächst einmal auszuloten versuche, wie mein Gegenüber oder die Gruppe, die mir gegenübersteht, diese Worte emotional besetzt.

### *2.1.3 Worte erhalten abweichende semantische Bedeutung*

Nach einiger Zeit ändern sich aber nicht nur die emotionalen Bedeutungen, sondern auch die semantischen. Worte, deren semantische Bedeutung sich in den letzten Jahren nachweislich geändert hat, sind Friede, Gerechtigkeit, Politik, Gleichheit, Solidarität, Hoffnung, Treue und Verantwortung, um nur einige zu nennen.

Wenn ich diese Verschiebungen nicht kenne, ist es nicht mehr möglich, sinnvoll Kommunikation zu machen. Ich gelange bestenfalls zu einem Verbalkonsens, zu dem Menschen überredet wurden, nie aber zu einem emotional mitgetragenen Realkonsens, aus dem heraus Menschen, engagiert für eine einmal erkannte Überzeugung, bereit sind, sich einzusetzen.

Des weiteren ist zu bedenken, daß Sprache in aller Regel träger ist als das allgemeine Bewußtsein. Erst wandelt sich das allgemeine Bewußtsein, dann wandelt sich Sprache. Der wechselseitige Bezug zwischen dem Wandel des allgemeinen Bewußtseins und dem der Sprache ist eine der differenziertesten und der erheblichsten Fragen, die sich heute der Philosophie stellen.

## *2.2 Bildung kommunikativer Phantome*

Es kommt auch zum Ausbilden kommunikativer Phantome. Es gab einmal eine Zeit, in der man geglaubt hat, wenn es uns nur gelingt, miteinander in kommunikative Interaktion zu treten, wird schon alles wieder gut. Das waren die endsechziger Jahre mit ihrer Dialogeuphorie.

Wir wissen heute, daß sehr viel häufiger die Ausbildung von kommunikativen Gruppen und kommunikativen Zellen dazu führt, daß in die Außenwelt kommunikative Phantome eingebildet werden und Wirklichkeit bis hin zum Realitätsverlust umgestaltet wird. Kommunikation definiert die konkrete Welt in einer Weise neu und läßt sie neu verstehen, die mit dieser Welt an und für sich kaum etwas zu tun hat.

Ich will Ihnen das an einem Beispiel erläutern: Hören Sie einmal herum, was man in Ihrer Berufswelt von Ihnen hält. Es ist äußerst interessant, was in dem Über-Sie-Sprechen als Ergebnis herauskommt: ein kommunikatives Phantom. Das hat mit Ihnen so gut wie gar nichts mehr zu tun. Ich erlebe das alltäglich, wenn Studenten über mich sprechen, über Vorlesungen, Examen, Seminare und sonstige Interaktionsmuster. Es kommt ein Bild heraus, das mit mir nichts mehr zu tun hat. Das kommunikative Phantom von sich selbst sollte man kennen.

So müssen Sie, wenn Sie sinnvoll Kommunikation machen wollen, damit rechnen, daß die Menschen jetzt nicht Sie oder Ihre Unternehmen ansprechen, sondern das kommunikative Phantombild, das sie sich von Ihnen und Ihrem Unternehmen gemacht haben. Wer das nicht weiß, wird etwas daherlallen, aber er wird nicht Kommunikation machen. Er wird nicht tatsächlich Bewußtsein ändern. Das ist aber der Erfolg jeder kommunikativen Interaktion, daß sich Bewußtsein und mittelbar darüber auch hinaus Einstellung und Verhalten ändern.

Diese Phantombildung ist nicht selten ein Grund, warum in vielen Unternehmen Sachprobleme personalisiert und damit unlösbar gemacht werden. Das Binden einer bestimmten Problemlösung an einem konkreten Menschen führt dazu, daß dieser Betreffende an seiner Meinung mit allen Mitteln festhält und damit Kommunikation weitgehend unmöglich macht. Das einzige, was bleibt, ist, daß er sich ständig angegriffen fühlt oder aber im Gegenteil, daß er versucht, mit allen ihm zur Verfügung stehenden dialektischen Techniken oder Pseudotechniken seine Meinung durchzusetzen. Damit ist aber das Sachproblem unlösbar geworden.

### *2.2.1 BLIKS – kommunikativ nicht zu beseitigen*

Und noch etwas anderes gehört zur kommunikativen Phantombildung, jetzt nicht so sehr auf Personen, sondern auf Situationen, auf Meinungen und Systeme bezogen. Das ist die massive Ausbildung von Vorurteilsstrukturen. Kommunikative Phantome sind solche Vorurteile.

Wir unterscheiden des weiteren zwei Typen von Vorurteilen, BLIKS und STANDARDS.

Unter BLIK verstehe ich ein Vorurteil, gegen das keine Erfahrung stehen kann. Das heißt, ein konkreter Mensch interpretiert alle Erfahrung, die er macht, im Horizont seines BLIKS. Alles verstärkt nur BLIK. Solchen BLIKS begegnen Sie etwa in atomrechtlichen Anhörungsverfahren, in denen die Vertreter der Antragsteller oft sagen können, was immer sie wollen. Sie verstärken nur den vorgegebenen BLIK, und wenn sie noch so rational argumentieren. Das heißt dann: »Der tut das nur, um mir Sand in die Augen zu streuen.« Ein BLIK ist so etwas wie eine Wahnvorstellung, ein Wahnsymptom, es gehört zum paranoiden Feld. Wir alle aber haben solche BLIKS, und unsere Wahnvorstellungen fallen nur dann nicht auf, wenn sie mit denen der Allgemeinheit übereinstimmen. Wenn sie aber abweichen, wird die Sache schwierig.

BLIKS markieren die Grenzen jeder Kommunikation. Es ist unmöglich, mit kommunikativen Mitteln einen BLIK zu beheben. Wenn ich auf einen BLIK stoße, muß ich wissen, hier ist Schweigen Gold.

### 2.2.2 *Die STANDARDS – im Diskurs zu beseitigen*

Es gibt andere Formen von Vorurteilen, etwa STANDARDS. STANDARDS sind Vorurteile, die dadurch zustandekommen, daß ein Mensch einmal eine bestimmte Haltung, eine bestimmte Einstellung gewählt hat, sich entschieden hat für eine bestimmte politische oder soziale oder kulturelle oder ökonomische Einstellung, für einen bestimmten Beruf, für einen bestimmten Partner, für eine bestimmte weltanschauliche Überzeugung und diese Entscheidung für werthaft hält. Beruf, Weltanschauung, Unternehmen... werden nun wertvoll. Dieses Werturteil ist ein STANDARD. Er wird diesen STANDARD nicht in Frage stellen lassen wollen, weil er ihn – wie alle Vorurteile – tatsächlich oder vermeintlich psychisch und/oder sozial stabilisiert. Es ist zwar der STANDARD nicht so massiv, wie ein BLIK. Es sind Erfahrungen, die dem STANDARD widersprechen, möglich. Aber sie werden in aller Regel heruntergespielt als unbedeutend oder zur Ausnahme erklärt.

STANDARDS sind zwar kommunikativ aufzuheben, aber nur unter extremen Opfern. Wir sprechen hier von einem Diskurs. Ein Diskurs ist eine kommunikative Interaktion zwischen zwei Menschen, die beide bereit sind, ihre einander widersprechenden STANDARDS in Frage zu stellen. Die Diskursfähigkeit spielt heute allerdings in unmittelbarer Nähe von Null. Wer ist schon bereit, seinen eigenen STANDARD in Frage zu stellen. Ist man dazu nicht bereit, muß man wissen: Hier ist wieder eine absolute Grenze meiner und des Partners Kommunikationsfähigkeit erreicht.

## *2.3 Nicht-informative kommunikative Bedürfnisse*

Wir alle haben in konkreter Kommunikation sehr verschiedene Bedürfnisse, die, wenn sie nicht befriedigt werden, zu einer Vergeblichkeitserfahrung führen und uns dann entsprechend mit Aggressivität, Angst, Niedergeschlagenheit oder regressiven Mustern zu reagieren nötigen.

Welches sind die wichtigsten nicht-informativen kommunikativen Bedürfnisse? Das erste ist sicher das nach Selbstdarstellung. Das zweite kommunikative Bedürfnis ist der Aufbau, die Vergewisserung und die Verstärkung von sozialen Kontakten, und das dritte ist die Kundgabe von nicht ausdrücklich gemachten Appellen.

Das heißt, wir haben in der konkreten kommunikativen Interaktion immer wenigstens 4 kommunikative Schichten zu unterscheiden.

Erstens die Informationsgabe, Informationsnahme und Informationsverarbeitung, zweitens die Kontaktvergewisserung, den Kontaktaufbau, die Kontaktverstärkung, drittens die Selbstdarstellung und viertens versteckte Appelle, etwa der Art: »Ich möchte, daß Du dieses tust, jenes unterläßt, daß Du mich für nett und sympathisch hältst!« oder so etwas ähnliches.

Wer Kommunikation auf Informationsgabe, -nahme und -verarbeitung reduziert, muß notwendig dem Kommunikationspartner erheblichen Frust zufügen, denn in aller Regel ist der Wille nach Informationsgabe, -nahme und -verarbeitung nicht das primäre Interesse, in eine kommunikative Situation oder Szene einzutreten.

Wenn ein Mitarbeiter zu Ihnen kommt und mit Ihnen sprechen will, und Sie sind nur bereit, Information zu geben, zu nehmen und zu verarbeiten, werden Sie, wenn Sie das mehrmals tun, diesen Mitarbeiter frustrieren. Er wird aggressiv werden, er wird resignieren, er wird demotiviert sein. Sie tun nicht das, wofür Sie bezahlt werden: zumindestens die Demotivation des Mitarbeiters zu vermeiden.

Wir haben in meinem Institut vor einigen Jahren eine Fülle von Untersuchungen in demotivierten Abteilungen von Unternehmen angestellt. Wir haben dabei festgestellt, daß oft die Kommunikationsunfähigkeit der Leitenden Schuld trug für den hohen Grad der Demotivation. Sie versuchten ausschließlich auf der Ebene der Informationsgabe, -nahme und -verarbeitung mit ihren Mitarbeitern zu kommunizieren und beherrschten ganz wesentliche Voraussetzungen der kommunikativen Kompetenz nicht. Ihre geringe social performance ließ sie nicht geeignet erscheinen für eine Führungsposition.

Wahrscheinlich ist die menschliche Sprache so wie wir sie heute als abstrakte Begriffssprache, als Symbolsprache seit ein- oder zweihunderttausend Jahren darstellen, nicht primär entwickelt worden zum Geben, Nehmen und Verarbeiten von Informationen, sondern zur Kontaktvergewisserung, zum Kontaktaufbau, zur Kontaktverstärkung. Dieses archaische Programm ist in jedem von uns noch enthalten.

Wenn Sie es einmal mit nichteuropäisierten Slawen zu tun haben oder mit Ostasiaten, wissen Sie, daß nicht selten, wenn man sich nicht auf unsere pervertierte Vorstellung von Kommunikation einstellt, 80 % oder 90 % der Interaktion der Kontaktvergewisserung, der Kontaktabsicherung dienen und nur 10 oder 20 % der Informationsgabe, -nahme und -verarbeitung. Genauso funktionieren wir auch. Das heißt, daß wir unter der Maske von Information versuchen, unsere anderen kommunikativen Bedürfnisse darzustellen. Damit verlieren wir enorm viel Zeit. Weil kein Mensch vom anderen genau weiß, ob er jetzt noch in der Phase der Kontaktvergewisserung ist und nur Pseudoinformationsgabe, -nahme und -verarbeitung macht oder er tatsächlich schon sinnvoll in der Lage ist, Information zu geben, zu nehmen und zu verarbeiten, wird Kommunikation mühsam. Es ist eine triviale Einsicht, von Platon schon entwickelt, daß Menschen, zwischen denen Kontaktstörungen bestehen, Informationen nicht mehr sinnvoll geben, nehmen und verarbeiten können. Ist sie uns noch in der Praxis geläufig?

### *2.4 Falsche Beurteilung nicht-rationaler Widerstände*

Ein weiterer Punkt ist das nicht Umgehenkönnen mit nicht-rationalen Widerständen. Mitunter erfahren wir alle, daß in einer kommunikativen Situation oder Szene unsere Argumente auf Widerstand stoßen. Dieser Widerstand kann drei verschiedenen Klassen zugehören: erstens der der Antipathiewiderstände, zweitens der der rationalen und drittens der der emotionalen Widerstände.

Wenn ich ein atomrechtliches Anhörungsverfahren analysiere und das Verhalten der Vertreter der Antragsteller bedenke und das ihrer Gutachter, fällt mir immer wieder ein trivialer Fehler auf:

Sie scheinen der irrigen Meinung, daß die vorgetragenen scheinbar rationalen Widerstände tatsächliche rationale Widerstände seien. Dabei habe ich so gut wie nie beobachtet, daß bei einem solchen Verfahren ein Einwender rationale Widerstände entwickelte. Die scheinbar rationalen Widerstände maskierten oft Antipathiewiderstände, die dem sozioökonomischen System oder dem Unternehmen galten, als dessen Agenten, der konkret physisch anwesende Antragsteller oder seine Gutachter auftraten. Oder aber ein emotionaler Widerstand wurde maskiert. Er kam von Leuten, die Angst hatten, weil ihr Häuschen, das sie sich gebaut hatten, plötzlich nur mehr 50 % wert sei, oder weil durch die Schutzhülle des Meilers noch Neutronenstrahlen austreten könnten, die ihr Leben und ihre Gesundheit und die ihrer Kinder bedrohen.

Wenn ich die Art des Widerstandes nicht erkenne, werde ich mit Sicherheit völlig falsch reagieren. Wenn ich rational argumentiere, verfestige ich den emotionalen Widerstand oder den Antipathiewiderstand noch. Die weitaus meisten Menschen, die aus einem atomrechtlichen Anhörungsverfahren herausgehen, sind noch stärker gegen das sozioökonomische System BRD eingenommen als vorher. Oder aber auch ihre konkreten Ängste sind noch größer geworden. Ist das denn der Sinn?

Die totale Kommunikationsunfähigkeit manifestiert sich deutlich bei solchen Veranstaltungen. Das sollte auch der Gesetzgeber berücksichtigen.

Man kann mit rationalen Argumenten weder Antipathie beheben noch emotionalen Widerstand. Versuchen Sie einmal einen Menschen, der tief depressiv ist, damit zu trösten, daß morgen auch wieder ein Tag sei, und er noch die Zukunft vor sich habe, und die Sonne eh wieder scheinen wird. Sie jagen ihn in ein Suizid. Und das, obwohl nichts, was sie gesagt haben, falsch ist.

## *3. Was ist zu tun?*

Wir wollen es ja nicht nur bei einer Analyse bewenden lassen, sondern Wege weiten.

### *3.1 Wiederentdeckung der Dialektik*

Zunächst einmal ist zweifelsfrei die kommunikative Kompetenz derer, die es mit Öffentlichkeitsarbeit, auch mit Medienarbeit zu tun haben, zu verbessern. Das, was da täglich in den Zeitungen geschrieben steht, könnte einen zutiefst erschüttern, wenn man noch bereit wäre, sich erschüttern zu lassen.

An erster Stelle muß es uns gelingen, die Dialektik, ein Kulturgut des europäischen Abendlandes, das 1500 Jahre lang die kulturelle Einheit des Abendlandes getragen und erhalten hat, wieder zu entdecken.

In Rom wurde die Dialektik um 50 nach Christus als Pflichtfach für die Buben eingeführt, auch für die Plebejerjungen, weil Rom ausgebildete Soldaten und ausgebildete Beamte brauchte. Die Ausbildung in Dialektik, die etwa vom 10. bis zum 15. Lebensjahr dauerte, setzte Rom in die Lage, bevor die Stürme der Völkerwanderung gegen das Reich brandeten, im großen und ganzen Frieden im Reich zu bewahren. Nicht durch Waffen, sondern durch das Wort.

### *3.2. Wiedererlernen der Symbolsprache*

Es ist sicher notwendig, mit dafür zu sorgen, daß systemische Entartungen nicht weiter zunehmen. Wir brauchen die Bildung von ökonomischen, politischen, kulturellen und sozialen Systemen notwendig, um die hochkomplexen Interaktionen in diesen vier Bereichen halbwegs zu standardisieren. Benötigen wir aber eine solche intensive Systemaktivität, wie wir sie heute haben? Leben wir nicht in einer Nomokratie, das heißt, unter der Herrschaft der Normen (der Gesetzesnormen, der Verhaltensnormen, der Sprachnormen und der Rollennormen), die uns viel mehr Zwänge auferlegt, als zum Bestand unserer konkreten Gesellschaften notwendig sind? Wenn das der Fall ist, und ich nehme an, das ist so, sollten wir nicht nur versuchen, dieser Nomokratie, soweit es uns möglich ist, zu entweichen, sondern sie zu beheben und auf diese Weise das Systemische unter uns auf das notwendige Minimum zu reduzieren. Wie können wir da mithelfen?

Es ist wichtig, für uns selbst zu erkennen, aber auch für das allgemeine Bildungssystem vom Kindergarten bis zur Hochschule, von der Familie bis zum Unternehmen, daß es uns wieder gelingen muß, die menschliche Sprache als Symbolsprache zu akzeptieren. Das ist nicht ganz einfach. Ein Sprachsymbol hat neben einer semantischen stets eine emotionale Bedeutung. Die Symbolsprache sollte sowohl im semantischen als auch im emotionalen Bereich eine halbwegs standardisierte Bedeutung haben, so daß wieder Kommunikation möglich wird.

Was geschieht denn tatsächlich unter uns mit Sprache? Die Symbolsprache ist weitgehend vernichtet. Wir schieben Klischees hin und her oder Zeichen. Was versteht man unter einem Klischee? Unter einem Klischee versteht man ein Wort, das ausschließlich emotionale Bedeutung trägt. Sehr viele Worte haben für viele Menschen heute bloß emotionale Bedeutung. Wir haben große Reden mehr oder weniger großer Politiker in Bonn einmal analysiert und festgestellt, daß Worte wie Freiheit oder Friede für nicht wenige so gut wie keine semantische Bedeutung haben, sondern einfach emotionsbesetzte Chiffren sind, die nach Belieben hin- und hergeschoben werden. Nun, das nennt man dann Klischee.

Ein Zeichen ist ein Wort, das sich darin erschöpft, daß es eine ausschließlich semantische Bedeutung trägt. Zeichen haben in der streng wissenschaftlichen Kommunikation ihren Sinn, wenn es (fast) ausschließlich auf Informationsgabe, -nahme und -verarbeitung ankommt. Aber in der Kommunikation, wie sie alltäglich unter uns geschieht, sind sie gefährlich.

Wir sollten uns zurückbesinnen auf das Sprachethos des Aristoteles: »Der redliche Mensch unterscheidet sich vom unredlichen dadurch, daß der redliche sagen kann, worüber er redet.« Könnten wir wieder sagen, worüber wir reden, ginge es uns kommunikativ besser. Über 90 % der Bundesbürger wissen nach einer nichtrepräsentativen Umfrage nicht, was sie unter Freiheit verstehen, unter Gleichheit und unter Gerechtigkeit, unter Demokratie und ähnlichen zentralen Worten, von deren doch auch semantischer Beherrschung der Bestand unserer gesellschaftlichen Ordnung abhängt.

Ich muß wissen, was diese Worte bezeichnen. Wissen verändert mein Verhalten und orientiert mein Verhalten in einer halbwegs rationalen Weise und hilft uns, den Bestand eines für gut erkannten politischen und ökonomischen und sozialen und kulturellen Systems sichern. Wenn wir aber daherlallen, können wir nicht erwarten, daß dieses unser von uns nach außen hin in großen Worten dargestellte und verteidigte System auf die Dauer Bestand hat. – Gestatten Sie mir bitte, daß ich leicht zynisch sein darf, indem ich mir Worte von G. B. Shaw zu eigen mache: »Menschen sind nur bereit, für eine Sache zu sterben, die ihnen zureichend unklar ist.«

Und deshalb sind wahrscheinlich viele bereit, für Freiheit und Demokratie zu sterben.

### *3.3 Der sinnvolle Umgang mit nicht-rationalen Widerständen*

Es ist sicher notwendig, daß wir umgehen lernen mit unseren und fremden Vorurteilen, daß wir umgehen lernen mit Phantomen und daß wir wissen, wie Phantome entstehen und wir sie möglichst nicht erst aufkommen lassen. Phantome entstehen immer dann, wenn wir in Abwesenheit einer konkreten Person oder auch in Abwesenheit des konkreten Problems beginnen, über dieses Problem zu diskutieren. Was dabei herauskommt, ist oft erheblicher realitätsverschoben. Das reale Problem, der reale Mensch, entschwinden uns im Verlauf unserer kommunikativen Bemühungen.

Endlich, denke ich, müssen wir dahin kommen, daß es uns gelingt, die nicht-rationalen Widerstände nicht nur zu akzeptieren, sondern auch sinnvoll damit umzugehen. Das gleiche gilt für die nicht-informativen Kommunikationsbedürfnisse. Wenn wir das nicht können, sollten wir nicht vermuten, unsere kommunikative Kompetenz sei entwickelt.

Wenn wir alles dies nicht tun, sollten wir uns wenigstens über die Folgen im klaren sein: Unsere gesellschaftlichen Systeme in den OECD-Ländern werden früher oder später zerfallen. Der Mythos von Babel wird in einer katastrophalen Weise Wahrheit, denn er betrifft eine Menschheit, die das ABC des Todes nicht nur stammeln kann, sondern perfekt beherrscht.

Aber das ist nicht unsere einzige Möglichkeit. Noch ist es möglich, und da tragen gerade auch Sie Mitverantwortung, die kommunikative Kompetenz aus den kleinen privaten Zellen herauszunehmen und zu einer öffentlichen Aufgabe zu machen, so daß Menschen wieder sinnvoll kommunikativ auch in den Makrostrukturen miteinander umgehen lernen.

Noch ist es nicht zu spät.

Noch haben wir eine Chance.

Ich weiß nicht, wie lange noch.

## Konflikt zwischen Persönlichkeit und Beruf

Wenn ich über die Spannung zwischen Beruf und Persönlichkeit sprechen soll, ist mir das insofern problematisch, als ich Beziehung zwischen beiden persönlich nicht als spannungsgeladen erfahre. Ich habe zeitlebens immer das getan, was mir Spaß macht, und das ist in eine Fülle von beruflichen Kategorien eingedrungen und eingebrochen, die ich nicht eigentlich zu einem Beruf, zusammenfassen kann. Wenn überhaupt, dann noch am ehesten mit dem »Beruf« eines christlichen Priesters, was aber für mich auch nicht eigentlich einen Beruf darstellt, sondern ein Bemühen, Menschsein zu realisieren und dieses auf eine bestimmte Weise zu tun.

Das Spannungsfeld Persönlichkeit und Beruf erfahre ich in meiner sehr alltäglichen therapeutischen Praxis, wenn Menschen zu mir kommen, die psychisch krank oder angeschlagen sind, die in ihren konkreten Berufswelten oder in ihren konkreten privaten Lebenswelten scheitern und deshalb auch mit der jeweils anderen Welt nicht zurechtkommen.

Sehr selten gelingt es einem Menschen, einen Lebensbereich geordnet und den anderen in Unordnung zu leben. Es gelingt nur wenigen Menschen, etwa im Privaten so etwas wie einen Hort der Geborgenheit aufzubauen und im Beruf nicht geborgen, will sagen: in Unzufriedenheit entborgen zu sein.

Wir sind alle zur sehr *ein* typischer Mensch, *eine* Persönlichkeit, die sich nur begrenzt spalten läßt – hie Berufsleben, dort privates Leben – hie Vorgesetzter, dort Mitarbeiter oder Untertan oder was auch immer Sie in Ihren konkreten Familien für Rollen spielen mögen. Alles dieses betrifft *einen* Menschen, *einen* Menschen in seinen Verzahnungen der Interessen, der Erwartungen, der Stimmungen, der natürlichen Begabungen, vor allen Dingen der psychischen und sozialen Begabungen.

Beruf ist für uns alle ein Ort des Lebens. Er kostet uns nicht nur Leben, sondern er sollte uns auch Leben geben. Leben geben, das meint, der Beruf sollte uns ermöglichen, daß wir uns im Bereich des Psychischen und Sozialen – *auch* in diesen Bereichen – weiterentfalten, daß wir im Emotionalen nicht weiter verkümmern, daß wir unsere sozialen Fähigkeiten und Begabungen, etwa die, soziale Kontakte aufzunehmen, verstärken, weiterführen und erfüllen. Gelingt das nicht, werden wir mit großer Wahrscheinlichkeit auch im privaten Leben sozial und psychisch verkümmern.

So ist Beruf in einer Weise, und zwar in einer sehr viel drastischeren Weise, als es viele von uns wahrhaben wollen oder auch nur wahrnehmen, Schicksal. Schicksal, *in* dem es sich entscheidet und *an* dem es sich entscheidet, ob unser Leben letztlich gelingt oder mißlingt.

Beruf als Ort des Lebens: Wir sammeln in unseren Berufen eine Fülle von Erlebniseindrücken mit zum Teil sehr lebhafter und intensiver emotionaler Besetzung. Diese Erfahrungen, die wir in unserem Beruf machen, sind, wenn sie emotional stark besetzt sind, oft besetzt mit Aggressivität. Sie sind intensiv besetzt aber auch mit Emotionen an dem weiten Bereich der Erotik: Freundschaft, Kameradschaft, Solidarität, vielleicht gar Liebe.

Alles das, was uns alltäglich in einer Weise emotional affiziert, prägt unsere Persönlichkeit in ihrer Grundstruktur. Es ist einfach unmöglich zu sagen: Ich gehe meinem Beruf nach – und dann im Beruf nicht erotisch angeprochen oder aggressiv gereizt zu werden, so daß dies unsere Menschlichkeit zutiefst aussagt oder mitbestimmt. Wir sind in jedem Moment ein anderer, weil und insofern jeder Moment von uns – gerade in Ihrem Beuf – abverlangt, daß wir uns auf andere Menschen einlassen, und im Einlassen mit diesen anderen Menschen werden wir andere. Jedes geglückte Sicheinlassen auf einen anderen Menschen läßt unser Leben ein Stück weiter glücken

– und jedes mißglückte Einlassen auf einen anderen Menschen läßt unser Leben ein Stück mißglücken.

Und trotzdem wäre es nicht richtig, wenn wir jetzt unser Leben als ein riesiges Molekül von – sagen wir – schwarzen und weißen Atomen betrachten, von geglückten und mißglückten Begegnungen. Es ist sicher mehr als das. Doch darüber einiges mehr.

Der Beruf ist für uns also ein Ort des emotionalen und des sozialen Entfaltens. Entfaltet sich ein Mensch im Beruf nicht sozial und emotional, ist es abstrakt-utopisch anzunehmen, daß es irgendwelche andere Räume gibt, in denen er sich optimal, d.h. realitätgsgerecht und realitätsangepaßt, emotional oder sozial entfaltet. Die Flucht in eine schöne Privatwelt ist eine Flucht. Es ist eine Flucht auf eine Insel, die nicht Abbild unserer konkreten Welt mit Spannungen, Aufgaben und Problemen ist. Und diese Flucht mißlingt sehr oft.

Wir wissen heute zureichend sicher, daß ein Mensch, der mit seinem Beruf nichts anfangen kann, auch mit seinem Privatleben kaum etwas Richtiges anzufangen weiß. Ich will hier keine Ausflüge in die Problematik der 35-Stunden-Woche oder der Freizeitgesellschaft machen – da sind Fachleute unter Ihnen, die das sehr viel besser können. Aber wer mit seinem Beruf nichts anzufangen weiß, kann auch mit seiner Freizeit nichts anfangen. Wer in seinem Beruf nicht in der Lage ist, sich zureichend emotional und sozial zu entfalten, wird dieses nicht nachholen können im außerberuflichen Bereich.

Etwas Weiteres ereignet sich im konkreten beruflichen Alltag: die unmittelbare Begegnung mit Autorität. Die Begegnung mit Autorität ist für die weitaus meisten Menschen – je jünger, um so schlimmer – eine krisenhafte oder potentiell konfliktgeladene und konfliktbefangene Situation. Das ist durchaus verständlich und gut so. Es ist nicht gut, daß Autorität einfach akzeptiert wird, wenn sich jemand darauf beruft:

»Ich bin eben halt Ihr Chef, und ich habe Ihnen das zu sagen, und Sie machen das so«, sondern daß eben das Infragestellen der Autorität die Autorität immer wieder in die für Sie sicher nicht angenehme, wohl aber auf die Dauer auch Sie emotional und sozial weiterführende Situation bringt, über Begründungen zu führen. (Ich erlebe das im Industriemanagement sehr oft, daß Menschen sich nicht mehr emotional und sozial weiterentwickeln, weil sie ihre Autorität einfach hierarchisch praktizieren und nicht funktional.)

Der Umgang mit Autorität bedeutet also auch immer die Ausübung von Autorität – beides ist sehr eng aufeinander bezogen. Wenn wir heute soviel von Autoritätskrisen sprechen und auch eine Menge solcher Autoritätskrisen in uns selbst wahrnehmen – wer gehorcht heute schon noch gerne? –, ist damit eine reelle Chance gegeben, in der Spannung zwischen Autonomie und Autorität uns etwas mehr zu dem zu entwickeln, der wir werden sollen. Diese Spannung zwischen Autonomie und Autorität führt uns dazu, uns nicht irgendwo festzumachen, wo wir uns nicht festmachen dürfen, wohlzufühlen, wo wir uns nicht wohlfühlen dürfen, da in unserem Weg anzuhalten, wo wir nicht anhalten dürfen. Diese Spannung führt uns dazu, weiterzugehen, weiterzuschreiten, Problemlösungen zu suchen und neue Begabungen im Bereich der Emotionalität und der Sozialität zu finden und zu entfalten, die es uns erlauben, auch mit *dieser* konkreten Situation fertigzuwerden.

Was lernen wir im Beruf? Was erfahren wir im Beruf? Ich versuche zunächst einmal, einiges aufzulisten, um aufzuweisen, in welchem Umfang und wie intensiv Beruf Ort des Lebens ist.

Was erfahren wir im Beruf? Sicher eine gewisse Einstellung zur Leistung, zum Erfolg und zur Anerkennung. Es ist ganz sicher so, daß Erfolg, Leistung und Anerkennung, die wir außerhalb des Beruflichen finden, nicht die gleiche Qualität haben wie berufliche Leistung, berufliche Anerkennung und beruflicher Erfolg. Aufgrund bestimmter sozio-ökonomischer oder sozio-kultureller Konstellationen ist es so, daß Beruf für Menschen, die im wesentlichen bürgerlich erzogen wurden einen Bereich darstellt, von dem her man sich definiert, so daß es nicht gleichgültig ist, ob ich im Beruf Anerkennung suche, Erfolg habe, etwas leiste. Ich kann mich letztlich nur sinnvoll mit etwas identifizieren, das mir Freude macht, das mir Lust bringt.

Auf der anderen Seite ist natürlich auch die Spannung und die Kluft zwischen Leistung und Anerkennung ein Konfliktthema, welches vermutlich die weitaus meisten von Ihnen – ich erfahre es jedenfalls in meinem Leben sehr oft – bedrängend erleben. Daß Leistung und Anerkennung oft in keinem sinnvollen Zusammenhang zu stehen scheinen, daß eine gute Leistung nicht Anerkennung mit sich bringt, sondern oft nur Einsamkeit – woran mag das liegen?

Hier spielt in unser Berufsleben eine auch in der bürgerlichen Erziehung verbreitete Fehlorientierung (schon des Kindes) hinein. Man belohnte unsere Leistungen mit Zuwendung. Sehr viele bürgerlich erzogene Kinder kennen im wesentlichen nur eine Strategie, Zuwendung der Eltern zu erhalten: das sind anerkannte Leistungen, im wesentlichen oft schulische Leistungen. Und so ein armer Mensch tritt dann mit 15, 16, 17, 18 – oder wenn er das Glück hat, studieren zu dürfen, vielleicht mit 25 oder 30 – in die Berufswelt ein und erfährt, daß dieser Mechanismus, oft der einzige, den er beherrscht, Zuwendung zu erhalten, nicht mehr funktioniert, und das Leben für Leistungen allenfalls noch Anerkennung bereithält und nicht mehr Zuwendung, oft auch nur noch Einsamkeit.

Und wir begegnen nicht selten gerade in der jüngeren Generation einer Fülle von Menschen, die radikal in ihren Berufen zu scheitern drohen, weil sie in den Berufswelten keine Strategien beherrschen, Zuwendung zu erhalten.

Wir alle – kein Mensch ist davon ausgenommen – sind darauf angewiesen, in irgendeiner Weise Zuwendung zu erhalten, wir sind darauf angewiesen, daß Menschen sich uns zuwenden, daß wir Menschlichkeit erfahren. Die trivialen Methoden, die wir vielleicht als Kinder beherrschten oder auch in den außerberuflichen Freiräumen unseres Lebens beherrschen, um Zuwendung zu erlangen, funktionieren im beruflichen oft nicht.

Was sind das für Techniken, die wir beherrschen sollten um Zuwendung zu erhalten? Dem anderen Menschen Interaktionsangebote machen, die er versteht, in denen er sich wiedererkennt, die ihm nicht fremd sind. Das braucht keine Lobhudelei zu sein, er muß sich nur als Mensch darin wiedererkennen, muß er selbst bleiben können. In der Psychoanalyse sagt man, ihn sich selbst widerspiegeln in dem Interaktionsangebot, das ich ihm mache. Und das zweite: zusammen miteinander etwas tun.

Zusammen miteinander etwas tun, das ist mehr als Teamwork. Teamwork meint eigentlich nur »zusammen etwas tun« oder vielleicht auch »miteinander etwas tun«, aber hier soll beides zusammen sein, aus dem Gefühl des Zusammen miteinander. Dieses sind wichtige Strategien, die wir sicher privat auch beherrschen, um das, was wir so wesentlich auch in unseren Berufswelten brauchen, nämlich Zuwendung, zu erhalten.

Die elementaren Erfahrungen unseres Berufslebens, die sicher weiter ausführbar sind und für jeden einzelnen Menschen auch mit einer anderen Gewichtigkeit eingebracht werden, werden von uns allen interpretiert vor dem Hintergrund eines Lebensentwurfs.

Unter einem Lebensentwurf verstehe ich, daß jeder von uns irgendeinen Traum, ein Konzept hat, wie sein Leben aussehen, verlaufen muß, damit er am Ende dieses Lebens sagen kann: Es ist mir geglückt. Irgendwelche dunklen Vorstellungen haben wir alle davon. Die Erfahrungen, von denen ich eben gesprochen habe, werden nur eingeordnet und aufeinander bezogen, werden meine mich prägende Lebenserfahrungen, weil und insofern sie einander zugeordnet werden in diesem Lebensentwurf, den ich einmal in meinem Leben, durch mein Leben, und das heißt auch: durch meinen Beruf, realisieren oder vollenden will.

Dieser Lebensentwurf wird meist über Identifikationen inhaltlich gefüllt. Wir beginnen schon früh in unserem Leben, uns zu identifizieren. Es beginnt bei der Identifikation mit Mutter und Vater. Später haben wir uns dann identifiziert mit Gesellschaften und Gruppen, mit religiösen oder politischen oder auch pseudoreligiösen oder pseudopolitischen Ideensystemen. Alles das ist ganz wesentlich und erheblich für unseren Lebensentwurf, für das, was die Frage beantwortet, wie muß mein Leben verlaufen, damit ich sagen kann, es sei mir geglückt.

Das reine Erfahren von Fakten, sei es das glückhafte oder leidhafte, allein reicht jedoch nicht. Es ergibt, wenn ich es für sich isoliert betrachte, ein ziemlich ungeordnetes Bündel, das eher den Eindruck des Chaotischen hinterläßt. Es muß ein Lebensentwurf (Menschen, die zu großen Worten neigen, sprechen hier vom Sinn des Lebens) hinzutreten, der diese Erfahrungen in ein Ordnungsschema bringt, in einen Gesamthorizont stellt, der sie mir erklärt, deutet, sie miteinander in Beziehung setzt: das Frohe und das Leiden, das Gute und das Böse, das Rechte und das Unrechte, das Erotische, das Aggressive.

Es kommt also darauf an, daß mein Leben zu einer Einheit findet. Die alten Asketen des christlichen Mittelalters sprachen von »simplicitas animi«, der Einfachheit der Seele. Wir alle kennen ja Menschen, die im Laufe ihres Lebens einfach geworden sind. Das soll nicht heißen: einfältig, sondern mit sich selbst eins geworden. Die Frage, wer bin ich eigentlich, ist die Hintergrundfrage, die uns erst und zuallererst überhaupt diese Erfahrungen unseres Lebens und auch unseres beruflichen Lebens verständlich macht. Der Lebensentwurf ist diese Einheit gebende Instanz, die auch unser privates und unser berufliches Leben miteinander verbindet. Wir werden erst als Person »Eine/Einer«, wenn es uns gelingt, Beruf und Privates mit einem *gemeinsamen* Lebenskonzept zu erfassen, durch einen *gemeinsamen* Lebensentwurf zu informieren.

Die Griechen verdichteten ihre religiöse und philosophische Weisheit in dem Wort »Erkenne dich selbst«. Diese Selbsterkenntnis ist eine zwingende Voraussetzung, damit der einheitsstiftende Lebensentwurf realitätsgerecht erfolgt und nicht phantastisch orientiert ist an den Wunschträumen meiner Kindheit und Jugend, damit ich hier nicht das mir mitgegebene Ich-Ideal als eine Realitätsvorgabe nehme, die ich jemals erreichen könnte. Das wäre abstrakt, das wäre ein Mangel an Selbsterkenntnis.

Selbsterkenntnis heißt, sich selbst zu erkennen, so wie man ist. Und das heißt nicht, sich so zu erkennen, wie man aufgrund seiner anerzogenen Vorgaben gerne sein möchte. Vor den Anspruch des Ich-Ideals eines jeden Menschen – mag er Papst, Bundespräsident, erster Sekretär der KPdSU oder Präsident der Vereinigten Staaten von Amerika sein –, mag er werden und sein, was er will, ist jedes Menschenleben kümmerlich und unerheblich. Von diesem Ich-Ideal her sein Lebenskonzept aufzubauen, führt in eine permanente Krise.

Wir begegnen heute schon jungen Menschen, die ihre Adoleszenzkrise mit Ende der Zwanziger, Anfang der Dreißiger abschließen, und die unmittelbar danach, ohne jede Zwischenruhe, in die Midlife-Crisis gleiten. Das ist jene Krise, in der Menschen sich fragen: Ist mein Lebensentwurf in Ordnung? Habe ich mein Leben eigentlich sinnvoll geplant oder habe ich es verplant? Habe ich etwas getan, was für mich wichtig ist? Habe ich mein Leben gelebt oder habe ich mein Leben durch Zweite und Dritte leben lassen? Hat sich mein

Leben gelohnt? Die Antwort verbalisiert oft die Auffassung, das eigene Leben sei mehr oder weniger gescheitert, es habe sich nicht gelohnt, man habe nicht das entfaltet, was tatsächlich an Anlagen verborgen war. Man sei vielmehr eine kleine, mickrige Figur gewesen. Und das ist man und wird es immer sein, gleich welchen Rang man in dieser Leistungsgesellschaft erreichte, wenn man sich selbst von seinem Ideal her definiert. Das Ideal besteht nirgendwo anders als in unserem Kopf, es ist also eine eingebildete Größe, eingebildet im Sinne von: Uns von außen eingebildet im erzieherischen Bemühen unserer Eltern und Lehrer.

Es kommt also darauf an, daß ich zunächst einmal erkenne, wer ich tatsächlich bin. Was sind meine natürlichen Begabungen im Bereich des Sozialen, im Bereich des Emotionalen, im Bereich des Intellektuellen, im Bereich des Antriebs, im Bereich des Kreativen, im Bereich der Autonomie? Wie kann ich diese konkreten Begabungen in einer konkreten Welt unter konkreten beruflichen Vorgaben in konkreten Teams mit konkreten Menschen optimal entfalten? Das Jammern über die Unmöglichkeit, seine Begabungen zu entfalten, und die Schuld in mißlichen Umständen oder der Bosheit oder Inkompetenz anderer zusuchen, ist etwas sehr Törichtes. Man muß in der Lage sein zu sagen: Ich gebe diese Beziehung und Bindung auf und suche mir eine neue. Im Horizont des Möglichen, seine eigenen sozialen und psychischen Begabungen zu eigenem und fremden Nutzen zu entfalten, ist Aufgabe und Sinn eines optimal an Realität, sowohl an die psychische als auch an die soziale, die politische, die ökonomische und die kulturelle, angepaßten (nicht überangepaßten) Lebensentwurfs.

Wenn der Lebensentwurf so organisiert ist, denke ich, ist es selten, im Beruf oder im Privaten oder gar in beidem zu scheitern. Fast alle Menschen, die am Leben, das heißt am privaten oder im öffentlichen scheitern, scheitern, weil sie ihre Selbstdefinition von Inhalten her leiten, die nirgendwo anders existieren als in ihrem Großhirn und sie nicht begründen in ihrer konkreten Realität.

Selbsterkenntnis ist sicher der erste Schritt zu einer sinnvollen Verbindung von Beruf und Persönlichkeit. Wer sich nicht selbst erkennt, wird im Beruf wahrscheinlich scheitern, zumindestens innerlich, äußerlich kann er unter Umständen hohe Positionen einnehmen, aber dann um den Preis einer psychischen und sozialen Verkümmerung. Er wird letztlich doch scheitern am Beruf und wird in seiner Persönlichkeit reduziert sein. Nur wenn es gelingt, die Selbsterkenntnis in der konkreten Lebenswelt – und ein wichtiger Sektor der Lebenswelt ist die Berufswelt – praktisch zu machen, habe ich eine reelle Chance, nicht in diesem und an diesem Leben/Berufsleben zu scheitern, sondern mich, nach Maßgabe des durch die Randbedingungen Möglichen, optimal zu entfalten, lebendiger zu werden.

Sicher gehört zur Selbsterkenntnis außer der tatsächlichen Kenntnis der realen und oft vom Ich-Ideal in keiner Weise abgedeckten Eigenschaften auch die Erkenntnis meiner obersten handlungsleitenden Werte, d. h. jener Werte, nach denen ich tatsächlich in Konfliktsituationen mein Leben organisiere. Wir können davon ausgehen, daß weniger als 10 % der Menschen über ihre tatsächlichen – d. h. nicht vom Über-Ich bestimmten – handlungsleitenden Werte in konkreten Krisen-und Konfliktsituationen, in denen zwei Lösungen zur Auswahl stehen, erstens verantwortend verfügen und dann zweitens auch tatsächlich danach handeln.

Und dennoch beginnt die sittliche Persönlichkeit erst mit der *verantworteten Übernahme* oberster handlungsleitender Werte und der Organisation des Lebens nach Maßgabe dieser obersten handlungsleitenden Werte. Alles andere hat nichts mit Sittlichkeit zu tun. Es realisiert vielmehr die gleiche Mentalität, die Dackel gegenüber Herrchen hat, nämlich Gehorsam oder Ungehorsam gegenüber einem großen Gesetz, das als Schicksal über uns schwebt oder in unserer Brust lebt. Das hat mit Sittlichkeit nichts zu tun. Ich möchte vermuten, daß eine Persönlichkeit, die ihre Sittlichkeit nicht entwickelte, eine in einem wesentlichen Bereich unentwickelte Persönlichkeit geblieben ist. Hochanfällig für Konflikte, hat sie ihre soziale Kompetenz in keiner Weise optimal ausgebildet.

Während unserer Dialektikseminare mache ich gelegentlich einen Test: Ich bitte die anwesenden Damen und Herren, drei oder vier oberste handlungsleitende Werte aufzuschreiben, und frage sie dann im Gespräch unter vier Augen, wann sie denn tatsächlich ihre Probleme nach diesen Werten reguliert hätten – und es kommt dann meistens nichts heraus. Die notierten handlungsleitenden Werte sind Werte, die in der Abstraktion hoch angesiedelt sind und von der Gesellschaft her auch meist mit großem Lob bedacht werden: Ich will für andere Menschen da sein, ich möchte alle Menschen lieben, ich möchte vielen Menschen Anerkennung bringen, ich möchte in meiner privaten und beruflichen Welt Frieden stiften – und wenn man genau zuschaut, tut sich nichts von dem, eher das Gegenteil.

Und dennoch und noch einmal: Nur die Kenntnis der eigenen tatsächlich handlungsleitenden Werte und die Einrichtung des Lebens nach diesen handlungsleitenden Werten macht erst die sittliche Persönlichkeit aus. Ob und in welchem Umfange die Sittlichkeit einer Persönlichkeit wächst, hängt weitgehend ab von der Verschiedenheit ihrer Interaktionen, die sie mit anderen Menschen eingeht, von der Verschiedenheit der Interaktionsangebote, die sie von anderen Menschen erhält und wie sie damit umgeht. Das geschieht im Berufsleben – jedenfalls für die weitaus meisten Menschen – in einer nach Qualität und Qualität differenzierteren Weise als im Privatleben, so daß zur konkreten Entfaltung der Sittlichkeit für die weitaus meisten Menschen der Beruf der zentrale Ort ist.

Hier ist also eine Funktion des Berufs zu erkennen. Es geht um die reale Entfaltung meiner Fähigkeiten. Was mache ich aus mir unter konkreten Bestimmungen und Bedingungen, die ich zum Teil verändern kann, zum Teil nicht, die ich akzeptieren muß, unter denen ich vielleicht leide. Was kann ich machen in dieser konkreten Situation, um Leiden an mir und durch mich zu mindern? Was kann ich auch für mich dadurch erreichen, daß ich Leiden mindere? Denn Leiden mindern, bedeutet in aller Regel auch: Eigenleiden mindern.

Ich will nun keine Drohungen aussprechen. Aber angenommen, es gelingt einem Menschen nicht, seine Lebenserfahrungen (und das meint jetzt hier bei uns: seine beruflichen Lebenserfahrungen) vor dem Hintergrund eines Rasters, eines Lebensentwurfs, sinnvoll in eins zu bringen und zu interpretieren. Was ist die Folge?

Die Folge ist eine erhebliche Reduktion sicher der Lustwahrnehmungsfähigkeit im Beruf. Es ist zu kurz gegriffen, wenn man einfach das Wort »Frustration« einsetzt. Es wird nicht mehr zureichend wahrgenommen, was eigentlich am Beruf schön, gut und interessant ist. Das ist das Problem. Mit normalen Frustrationen sollte man fertig werden. Sie sind nicht das Problem. Hier handelt es sich nicht eigentlich um Vergeblichkeitserfahrungen, sondern um eine Nichtverarbeitungsfähigkeit von Erfahrungen. Diese Nichtverarbeitungsfähigkeit von Erfahrungen führt dazu, daß ein Mensch – je nachdem, wie er erzogen und gebildet worden ist – in einer der klassischen Weisen ausbricht. Entweder institutionalisiert er in seinem Leben Angst als Grundhaltung, oder er institutionalisiert in seinem Leben Aggressivität als Grundhaltung, oder er institutionalisiert in seinem Leben Resignation und Niedergeschlagenheit als Grundhaltung. Das sind die drei klassischen Methoden, sich selbst und möglichst viele andere um sich herum zugrunde zu richten, das eigene Leben mißlingen zu lassen und soweit als möglich auch das der Menschen um uns herum, und Freude zu verlernen.

Über Ängste ist schon viel gesagt worden. Ich will hier nur einige Ängste aufzählen, damit Sie nicht jetzt sagen: Nun gut, ich habe mit Ängsten eigentlich nichts zu tun. Die Gefahr besteht, daß wir Angst, Aggressivität und Resignation und entsprechende Erfahrungen abschieben, abwehren, um dann – Brust raus und Bauch rein – mit neuem Drive an die Sache heranzugehen und so zu tun, als wenn nichts sei. Das ist eine schlechte Lösung.

Wir sollten diese Dauervergeblichkeitserfahrung, diese Erfahrung, daß unser Leben eigentlich umsonst gelebt wird, nicht abwehren, sondern uns ihr möglichst offen stellen. Wehren wir sie ab, kommt es – wie gesagt – zu einer der drei Reaktionen, selbst wenn wir dies nicht wahrhaben wollen, und wenn wir sie mit Aktivismus, der vielleicht noch sozial belohnt wird, überdecken und abdecken. »In den öden Fensterhöhlen wohnt das Grauen« – das ist wirklich das, was in den Augen von Menschen steht, die jahrelang ohne ein Lebenskonzept reiche, überreiche Erlebenserfahrungen machen mußten, aber in diesen Erfahrungen nicht mit sich selbst übereins kommen konnten.

Etwas über die Ängste: Zunächst einmal ist die Angst, über die ich hier spreche, eine unthematische Angst. Es ist eine Angstdisposition, eine Bereitschaft, sich vor allen möglichen Dingen zu ängstigen. Das ist oft ein Zeichen dafür, daß ein Mensch sein Lebenskonzept nicht gefunden hat, oder wenn er es fand, nicht realitätsgerecht an seine konkreten sozialen und psychischen Vorgaben angebunden hat. Wie kann sich eine solche unthematische Angst artikulieren? Sie sucht sich die eigentümlichsten und merkwürdigsten Objekte, und wenn sie keine rechten findet, produziert sie solche in der Phantasie. Menschen bauen irgendwelche Angstgebilde auf, die ihren Beruf betreffen können (ich mach' was falsch, ich könnte fliegen, ich bekomme diese Aufgabe nicht, andre werden mir vorgezogen). Es gibt Menschen, die einen phantastischen Apparat von solchen Ängsten aufbauen.

Eine zweite mögliche Angst wäre die Bereitschaft zur kollektiven Angst, d. h. ich lebe in einem Kollektiv oder bekomme Berührung mit einem Kollektiv, das Angst hat vor irgendwas, meistens vor irgendwelchen Bossen, das dann diese Angst auf mich überträgt. Die Fähigkeit, von kollektiven Ängsten angesteckt zu werden, ist ein Zeichen dafür, daß irgend etwas im Lebenskonzept nicht stimmt. Vieles, nicht alles, was in massenhysterischen Reaktionen in der letzten Zeit auf unseren Straßen geschehen ist, ist sicher durch solch eine Kollektivierung von Angst zu deuten. Ein Kollektiv hat Angst und überträgt diese Angst. Die Angstappetenz bringt einen Menschen dazu, seiner Angst ein Thema zu suchen, Angstthemen sind nicht immer harmlos. Aber die Angst verhindert ein sachliches und rationales Sichauseinandersetzen.

Angst kann aber auch Angst vor Fremdreaktionen sein, d. h. wenn ich jetzt etwas falsch mache, werden die und die das und das tun, denken, sagen. Das bedeutet, daß ich nicht mehr locker und sicher das tue, was ich für richtig halte, sondern ständig auf mögliche Reaktionen schaue. Es ist sicher richtig, daß ich auf die Reaktionen der Menschen mit mir und neben mir achte, nur soll ich das nicht ängstlich tun, denn das führt nicht zu rationalen Lösungen meiner Probleme.

Dann die tiefste aller Ängste: Die Angst, sich selbst zu verlieren, etwas zu tun, was eigentlich sinnlos ist, was nicht dem eigenen Leben Sinn gibt, sondern das Leben immer mehr verlieren läßt. Nicht selten kann man Menschen, die von solcher Angst beherrscht werden, daran erkennen, daß sie sie mit Überaktivismus zuzudecken suchen.

Die zweite Reaktion einer Fehlorientierung im Beruf, die die Persönlichkeit nicht entfalten, sondern verkümmern läßt, ist das fundamentale Ablehnen von Autorität überhaupt, oder nur das Negative sehen, oder sich in Eskapaden von Meckerei zu ergehen, oder über alle anderen Menschen, die man nicht leiden kann, kommunikative Phantome aufzubauen. Das sind Phantombilder, die mit dem Betreffenden nichts mehr zu tun haben, sondern irgendwelche abstrakten Bilder, die man durch Gerede aufbaut, und die man dann legitim hassen, verachten, beschimpfen darf. Es ist sogar schick, das zu tun.

Die Resignation ist eine dritte Möglichkeit – die Resignation, die einen Menschen erfaßt, der erfährt, daß er eigentlich sein Leben nur noch zu Ende leben kann, der jenseits des »point of no return« lebt und erlebt, und alles das, was ich ihnen gesagt habe, nicht auf sich und sein Berufsleben bezieht.

Die Flucht ins Private ist sicher die häufigste resignative Fehlreaktion. Ich habe schon gesagt, daß dabei in aller Regel nichts herauskommt: Wir leben *ein* Leben, ein einziges Leben mit verschiedenen Schwerpunkten – aber es ist *ein* Leben, es ist unser Leben, und wir können nicht dieses Leben so und jenes ganz anders leben. Die Flucht ins Private kann zu einer erheblichen Verkürzung führen, wenn ich mich etwa nur noch in Geborgenheit wohlfühle, die das Private vielleicht gibt – allerdings auch immer seltener. Das liegt oft daran, daß Menschen im Privaten nicht mehr ihre Hoffnung erfüllt erhalten, jene elementare Hoffnung, daß das private Leben ihnen den Frieden schenkt, den der Beruf nicht gibt. Nicht wenige berufstätige Partner kommen abends nach Hause und wollen ihren Frieden haben, während der nicht-berufstätige Partner, oft Hausfrau oder Hausmann, noch nicht ihr Konfliktsoll losgeworden sind und dann seine Konflikte in Ehe oder Partnerschaft durchspielt. Der eine sucht Frieden, der andere Anerkennung. Beides reibt sich, man kann beides nicht gleichzeitig haben. Und die Divergenz in den Partnerbedürfnissen nimmt tendenziell eher zu, was oft darauf zurückzuführen ist, daß ein Mensch ausschließlich sein Leben im Privaten, in der Geborgenheit sucht und nicht bereit und fähig ist, in der Entborgenheit zu arbeiten oder zu leben. Das ist wiederum durchaus verständlich, wenn er in seinem Beruf keine Geborgenheit findet, sondern in der nackten Entborgenheit lebt.

Die Flucht ins Private bedeutet wohl auch, daß ein Mensch nur sein halbes Leben lebt und damit zu einer Art psychischer und sozialer Krüppel wird. Eine solche Flucht ins Private bedeutet sicher auch die zunehmende Unfähigkeit, private Konflikte zu lösen. Wir haben – ich weiß nicht, ob das bei Ihnen schon journalistisch verarbeitet worden ist – eine Untersuchung der Staatsuniversität von Michigan vorliegen, die feststellt, daß die meisten Männer, die bald nach dem Ausscheiden aus dem Berufsleben sterben, nicht daran sterben, weil sie nichts zu tun haben und ihr Leben ihnen leer erscheint, sondern weil sie keine Möglichkeit mehr haben, aus den privaten Konflikten in die berufliche ruhige Welt zu fliehen.

Ich will Ihnen damit die Perversität dieses Systems: »Ich setze mich der Entfremdung im Berufsleben aus und verwirkliche mich im Privaten« – ich will Ihnen die Lüge, die dahinter stecken kann und sehr oft steckt, deutlich machen.

Vergessen wir nicht, daß dahinter oft eine Illusion oder eine phantastische Vorstellung von Freiheit steht.

Wir Menschen sind nicht in der Lage, Freiheit in Bindungslosigkeit zu leben. Freiheit kann nicht heißen, ich kann das tun und lassen, was ich möchte. Freiheit kann nur heißen, ich *muß* das tun, was mich aufgrund meiner Disposition, meiner Chancen und Möglichkeiten, zu meinem und zu fremden Nutzen optimal entfaltet, sozial und emotional vor allen Dingen.

Die Willkürfreiheit ist eine pubertäre oder frühe Form des Freiheitskonzepts. Der reife Mensch weiß, daß Freiheit nur realisierbar ist in der konkreten Bindung an eine Weltanschauung, an eine Religion, an einen Beruf, an einen Partner. Alles das beschränkt die freien Parameter erheblich und führt scheinbar in die Unfreiheit, wenn man unter Freiheit Willkürfreiheit versteht.

Wenn ich aber unter Freiheit verstehe, die Fähigkeit, mein Leben so zu organisieren, daß das, was mir an Begabungen, an sozialen und psychischen, mitgegeben wurde, optimal zum eigenen und fremden Nutzen entfaltet wird, werde ich, wenn ich einmal am Ende meines Lebens stehe und Freiheit in diesem Sinne immer wieder neu und alltäglich gewagt habe, rückblickend über mein Leben sagen können: Es ist mir geglückt. Dann werde ich etwas sein, was ich vielleicht mir zeitlebens nie recht eingestehen wollte, daß ich es sei. Ich werde zumindest am Ende meines Lebens sagen können: Ich bin ein glücklicher Mensch.

Und dafür zu leben, lohnt sich.

# Rupert Lay

# ETHIK für Wirtschaft und Politik

Wirtschaftsverlag Langen-Müller/Herbig